La Vie, L'Amour, Le Rire

LA VIE, L'AMOUR, LE RIRE

Osho

Traduit par Céline Parent-Pomerleau

Données de catalogage avant publication :

Osho, 1931-1990

La vie, l'amour, le rire

Traduction de : Life, love, laughter.

ISBN 2-89074-852-9

1. Vie - Philosophie. 2. Sagesse. 3. Bonheur. 4. Perception de soi. I. Titre.

BD431.08314 1997 113'8 C96-941260-6

Édition
Les Éditions de Mortagne
Casier postal 116
Boucherville (Québec)
J4B 5E6

Conception graphique
Nathalie Heurion

Diffusion
Tél. : (514) 641-2387
Téléc. : (514) 655-6092

Dépôt légal
Bibliothèque nationale du Canada
Bibliothèque nationale du Québec
Bibliothèque Nationale de France

1er trimestre 1997

ISBN : 2-89074-852-9

3 4 5 - 97 - 06 05 04

Imprimé au Canada

C'est à vous de décider où vous voulez vivre
– au ciel ou en enfer –,
car quel que soit le lieu où vous désirez vivre,
il vous faudra le créer.

Ce n'est pas une chose toute faite
– vous achetez un billet et montez dans un train;
c'est quelque chose à créer.

L'amour peut créer le paradis ici, maintenant.

Voici la substance de mon enseignement :
aimez davantage – au point de devenir vous-même
simplement une source d'amour – et rien d'autre...
Soyez responsable de l'enfer ou du paradis
dans lequel vous vivez.

Et une fois que vous aurez compris la responsabilité,
je suis convaincu que plus personne ne vivra en enfer.

Osho
The Golden Future

Table des matières

LA VIE

Être fou,
c'est être sain d'esprit

Le monde a connu des gens d'une telle beauté, d'une telle folie; en fait, tous les génies de ce monde étaient un peu fous – fous aux yeux de la foule. Leur folie s'exprima parce qu'ils n'étaient ni malheureux ni angoissés, qu'ils ne craignaient pas la mort, ne s'inquiétaient pas pour des riens. Ils vivaient chaque instant totalement et intensément, et à cause de cette totalité, de cette intensité, leur vie est devenue une fleur magnifique – parfums, amour, vie et rires les submergeaient.

Mais il est évident que cela choque des millions de gens autour de vous, qui ne peuvent accepter que vous ayez réussi une chose qu'ils ont ratée; ils tenteront par tous les moyens de vous rendre malheureux, de briser votre danse, de vous enlever la joie – afin que vous rentriez dans le rang.

Il faut rassembler votre courage, et si les gens vous disent fou, savourez-en l'idée. Dites-leur : «Vous avez raison; en ce monde, il n'y a que les fous qui puissent être heureux et enjoués. J'ai choisi la folie et avec elle, la joie, la félicité, la danse; vous avez choisi la raison et avec elle, le malheur, l'angoisse et l'enfer; nos choix sont différents. Soyez raisonnables et restez malheureux; laissez-moi à ma folie. Ne vous offusquez pas – je ne me sens pas offensé par vous tous – il y a tant de gens raisonnables dans le monde et cela ne m'offusque pas.»

Ce n'est qu'une question de temps... Très vite, une fois qu'ils auront accepté l'idée que vous êtes fou, ils ne vous ennuieront plus; alors vous pourrez sortir au grand jour votre être originel – vous pourrez abandonner tous vos artifices.

Toute notre éducation crée une division dans notre mental. Nous devons présenter un visage à la société, à la foule, au monde – il n'est pas nécessaire que ce soit notre vrai visage; en fait, ce ne doit pas être notre véritable visage. Vous devez présenter le visage que les gens aiment, que les gens apprécient, qu'ils peuvent accepter – correspondant à leurs idéologies, à leurs traditions – et vous devez garder pour vous votre visage originel.

Cette cassure devient irréparable, parce que vous vous trouvez au milieu de la foule la plupart du temps, où vous rencontrez des gens, ou vous entrez en contact avec eux – il vous arrive très rarement d'être seul. Naturellement, le masque prend de plus en plus de place chez vous, plus de place que votre véritable nature.

Et la société crée une peur en chacun – la peur d'être rejeté, la peur du ridicule, la peur de perdre sa respectabilité, la peur du qu'en-dira-t-on. Vous devez vous adapter à toutes sortes de personnes aveugles et inconscientes, vous ne pouvez être vous-même – d'un bout à l'autre du monde et jusqu'à aujourd'hui, c'est notre tradition fondamentale : nul n'a la permission d'être lui-même.

Dès que l'autre est là, vous vous préoccupez moins de vous-même; vous vous préoccupez davantage de l'opinion qu'il aura de vous.

Quand vous êtes seul dans votre salle de bains, vous devenez presque un enfant – parfois vous faites des grimaces dans le miroir. Mais si vous vous rendez compte tout à coup que quelqu'un, même un enfant, est en train de vous regarder par le trou de la serrure, vous changez immédiatement; vous revêtez de nouveau votre moi ordinaire, habituel, posé, sérieux, conforme aux attentes des gens.

Et ce qu'il y a de plus surprenant, c'est que vous avez peur de ces gens et qu'ils ont peur de vous : tout le monde a peur de tout le monde. Personne ne laisse libre cours à ses sentiments, à sa réalité, à son authenticité – et chacun en a envie, car c'est un acte suicidaire de continuer à vouloir occulter votre vrai visage.

Vous n'avez de responsabilité qu'envers votre être profond. N'allez pas contre, parce qu'aller contre son être, c'est commettre un suicide, c'est se détruire soi-même. Et qu'y gagne-t-on? Même si les gens vous respectent, s'ils pensent que vous êtes une personne sérieuse, respectable, honorable, cela ne nourrira pas votre être. Cela ne vous aidera pas à mieux comprendre la vie et son infinie beauté.

Vous êtes seul au monde; vous étiez seul en venant au monde, vous êtes seul ici-bas et c'est seul que vous quitterez ce monde. Toutes leurs opinions resteront en arrière et seuls vos sentiments véritables, vos expériences authentiques vous accompagneront au-delà même de la mort.

Même la mort ne saurait vous enlever votre danse, vos larmes de joie, la pureté de votre solitude, votre silence, votre sérénité, votre extase. Le seul trésor véritable, c'est ce que la mort ne peut vous enlever; ce qui peut vous être enlevé par quelqu'un n'est pas un trésor – vous vous méprenez, tout simplement.

Vous ne devriez avoir qu'une seule préoccupation : nourrir et protéger ces qualités que vous pouvez emporter avec vous lorsque la mort détruira votre corps et votre mental, car ces qualités seront vos seules compagnes. Seules existent les véritables valeurs et les gens qui les atteignent – il n'y a qu'eux qui soient vivants, les autres font seulement semblant d'exister.

Une attitude devant la vie

Osho,
Est-il important d'avoir une certaine attitude devant la vie?

La meilleure facon de passer à côté de la vie, c'est d'avoir une certaine attitude devant elle. Les attitudes proviennent du mental et la vie est au-delà du mental. Les attitudes sont nos créations, nos partis pris, nos inventions. La vie n'est pas une de nos inventions; au contraire, nous ne sommes que des rides sur la surface du lac de la vie.

Quelle attitude peut avoir une onde à la surface de l'océan à l'égard de l'océan? Quelle attitude peut adopter un brin d'herbe face à la terre, à la lune, au soleil, aux étoiles? Toutes les attitudes sont égoïstes, toutes les attitudes sont stupides.

La vie n'est pas une philosophie, pas un problème non plus; c'est un mystère. Vous devez la vivre non pas selon un certain modèle, un certain conditionnement – ce que l'on vous en a dit – vous devez recommencer, repartir à zéro.

Chaque individu devrait penser qu'il est le premier être humain sur terre; il est Adam ou Ève. Alors vous pouvez vous ouvrir à des possibilités infinies. Alors vous serez vulnérable, disponible; et plus votre vulnérabilité et votre disponibilité seront grandes, plus il y aura de chances que vous rencontriez la vie.

Vos attitudes jouent le rôle de barrières : alors la vie ne vous atteint jamais telle qu'elle est – elle doit s'adapter à votre philosophie, à votre religion, à votre idéologie et, dans cette adaptation même, quelque chose meurt. Ce que vous en obtenez, c'est un cadavre; même si cela peut y ressembler, ce n'est pas la vie.

C'est ce que les gens ont fait depuis des siècles. Les Hindous adoptent l'attitude hindouiste, les musulmans, l'attitude musulmane et les communistes, l'attitude communiste. Mais rappelez-vous une vérité première, fondamentale : l'attitude ne vous permet pas d'entrer en contact avec la vie telle qu'elle est; elle la déforme, elle l'interprète.

Voici une ancienne légende grecque :

Un roi fanatique possédait un merveilleux et très précieux lit d'or, parsemé de milliers de diamants; chaque fois qu'il invitait quelqu'un au palais, il lui offrait le lit. Mais il avait un certain comportement : l'invité devait être ajusté au lit. Si l'invité était un peu trop grand, alors le roi le raccourcissait à la longueur appropriée. Le lit était bien entendu si précieux qu'il ne pouvait être modifié, et c'est l'invité qui devait être réduit à ses dimensions – comme si le lit n'existait pas pour l'invité, mais l'invité pour le lit!

Il est très rare, quasi impossible, de trouver un homme exactement de la taille d'un lit déjà existant. L'individu moyen n'existe pas, rappelez-vous; l'individu moyen est une invention et le lit avait été construit pour l'individu moyen. Le roi était un mathématicien – la construction avait exigé beaucoup de calculs. Il avait fait mesurer tous les citoyens de la ville, puis avait divisé la grandeur totale par le nombre de citoyens; il était arrivé à une moyenne précise. Or, dans la ville, il y avait des petits enfants, des jeunes, des gens âgés, des pygmées, des géants, mais la moyenne était tout autre chose. Dans toute la ville, pas une personne n'avait la grandeur moyenne. Je n'ai jamais rencontré l'individu moyen – l'individu moyen n'existe pas.

Donc, quiconque était invité était «dans de beaux draps». Si la personne était plus petite que le lit, le roi faisait alors appel à des lutteurs qui l'étiraient à la dimension voulue. C'est ce qui doit avoir donné naissance au *rolfing!* Ida Rolf doit l'avoir appris de ce roi-là. Bien entendu, chaque invité mourait, mais ce n'était pas la faute du roi – il faisait tout cela avec les meilleures intentions du monde!

Si vous adoptez une certaine attitude devant la vie, vous laissez échapper la vie elle-même. La vie est vaste, elle ne peut être embrassée par aucun comportement; il est impossible de l'enfermer dans une définition précise. Certes, votre attitude peut recouvrir un certain aspect, mais il ne s'agira que d'un aspect. Et le mental tend à présenter son point de vue comme le tout; dès qu'un aspect est donné pour le tout, vous n'avez plus prise directement sur la vie. Vous vivrez alors enveloppé dans votre position, enfermé dans une sorte de cocon, et vous serez malheureux. Alors toutes vos soi-disant religions seront ravies, parce que c'est ce qu'elles vous ont enseigné depuis toujours : que la vie est souffrance.

Bouddha dit : la naissance est souffrance, la jeunesse est souffrance, la vieillesse est souffrance, la mort est souffrance – toute la vie n'est rien d'autre qu'une interminable tragédie. Si vous vous appuyez sur des attitudes, vous constaterez que Bouddha a parfaitement raison; vous en serez la preuve vivante.

Mais je veux vous dire que la vie n'est pas souffrance, et je ne suis pas du tout d'accord avec Bouddha. La vie devient souffrance, mais cela, c'est votre œuvre, autrement, la vie est joie éternelle. Mais pour connaître cette joie éternelle, vous devez vous présenter le cœur ouvert, les mains ouvertes.

N'abordez pas la vie les poings fermés, les mains serrées. Ouvrez-les, allez vers la vie avec une innocence infinie. Les attitudes sont trompeuses : vous avez déjà décidé sans avoir goûté, sans avoir expérimenté, sans avoir vécu. Vous êtes déjà arrivé à certaines conclusions et, bien sûr, si elles existent en vous *a priori*, vous verrez vos conclusions confirmées par la vie. Ce n'est pas que la vie les confirmera, mais votre mental s'efforcera de trouver des moyens, des façons, des arguments, des données pour les appuyer.

Je vous enseigne à vivre sans aucune attitude. C'est l'un des principes de base de mon expérience : Si vous voulez vraiment connaître ce qui est, alors abandonnez toute philosophie, toute expérience en «isme». Allez les mains ouvertes, complètement nu sous le soleil, voir ce que c'est.

Autrefois, on admettait que nos sens étaient des portes, que la réalité passait par nos sens pour rejoindre notre être le plus profond. Aujourd'hui, les recherches les plus récentes démontrent quelque chose de différent : nos sens ne sont pas que des portes, ce sont également des gardes. Deux pour cent seulement de l'information sont autorisés à passer, quatre-vingt-dix-huit pour cent sont exclus. Tout ce qui va à l'encontre de votre conception de la vie se voit interdire l'accès et seulement deux pour cent pénètrent à l'intérieur.

Or, vivre à deux pour cent équivaut à ne pas vivre du tout. Lorsqu'il est possible de vivre à cent pour cent, pourquoi se contenter de vivre à deux pour cent?

Vous vous demandez :

Est-il important d'avoir une certaine attitude devant la vie?

Non seulement cela n'est pas important, mais il est même dangereux d'adopter une attitude quelconque devant la vie. Pourquoi ne pas laisser la vie danser, chanter, sans en attendre rien? Pourquoi sommes-nous incapables de vivre sans attentes? Pourquoi sommes-nous incapables de voir ce qui existe en elle, C'est-à-dire sa pureté? Pourquoi devrions-nous nous imposer à la vie? Il n'y aura pas de perdant; mais si vous vous imposez à la vie, le seul perdant, ce sera vous.

Il est préférable de ne pas étiqueter la vie, de ne pas la structurer, de la laisser grande ouverte; il vaut mieux ne pas la classer par catégories en lui collant des étiquettes. Votre expérience des choses embellira; votre expérience des choses sera plus cosmique, parce que les choses ne sont pas véritablement séparées. L'existence constitue un tout orgasmique; c'est une unité organique. Le plus petit brin d'herbe, la feuille la plus menue d'un arbre rabougri ont autant d'importance qu'une étoile géante.

La plus petite chose est aussi la plus grande, puisqu'elle est unité; elle est tout le spectre. Dès que vous commencez à diviser, vous commencez à créer des lignes arbitraires, des définitions; c'est ainsi que l'on passe sans cesse à côté de la vie et de son mystère.

Nous adoptons tous des attitudes; c'est là qu'est notre souffrance. Nous envisageons tous les choses d'un certain point de vue, donc notre vie s'appauvrit, parce que tout aspect sera tout au plus unidimensionnel, alors que la vie est multidimensionnelle. Vous devez être plus limpide, plus fluide, vous devez mieux vous mêler et vous fondre; vous ne devez pas être un observateur. Il n'y a rien à résoudre! Ne regardez pas la vie comme un problème, c'est un mystère d'une incroyable beauté. Buvez la vie – c'est du vin pur! Enivrez-vous d'elle!

La vie
est une toile blanche

Osho,
Mais après tout, la vie n'est-elle pas souffrance?

Cela dépend de vous. La vie en soi est une toile blanche; elle devient ce que vous y peignez. Vous pouvez y peindre la souffrance comme vous pouvez y peindre la félicité.

Cette liberté est votre gloire.

Vous pouvez utiliser cette liberté de telle sorte que votre vie entière devienne un enfer ou une bénédiction, une joie, une chose belle et céleste. Tout cela dépend de vous; l'homme a toute lattitude.

C'est pourquoi il y a tant de douleur, parce que les gens sont insensés et ne savent pas quoi peindre sur la toile.

Cela vous appartient : c'est la gloire de l'homme. C'est l'un des plus beaux cadeaux que Dieu vous ait fait. Aucun autre animal n'a reçu la liberté – ceux-ci reçoivent un programme fixé d'avance. Tous les animaux sont programmés, sauf l'homme. Un chien est tenu d'être un chien, pour toujours; il n'y a aucune autre possibilité, il n'a aucune liberté. Il est programmé, tout est intégré. Le schéma directeur est là et il le suivra, tout simplement : il sera un chien. Il n'a pas le choix et ne peut faire autrement. C'est une entité totalement définie.

Tout est programmé, excepté l'homme. La rose doit être une rose, le lotus, un lotus; l'oiseau aura des ailes, un autre animal marchera à quatre pattes.

L'homme est totalement libre. C'est la beauté, la gloire de l'homme.

La liberté, c'est le cadeau infini de Dieu. Vous n'êtes pas programmé, vous n'avez pas de plan directeur. Vous devez vous créer vous-même, vous devez être auto-créateur. Donc, tout dépend de vous. Vous pouvez devenir un Bouddha, un Bahaudin ou un Adolf Hitler, un Benito Mussolini. Vous pouvez devenir un meurtrier ou un méditant.

Vous pouvez vous permettre de devenir une conscience en plein épanouissement ou un robot.

Mais n'oubliez pas, vous êtes responsable; vous seul et personne d'autre.

L'optimiste est un homme qui ouvre sa fenêtre chaque matin et dit :«Bonjour, mon Dieu!»

Le pessimiste est celui qui regarde par la fenêtre et dit : «Mon Dieu... déjà le jour?»

Cela dépend de vous. Il s'agit du même jour, peut-être de la même fenêtre; le pessimiste et l'optimiste se trouvent peut-être dans la même pièce, mais il y a une différence entre dire «Bonjour, mon Dieu!» et «Mon Dieu... déjà le jour?»

Voici une ancienne parabole soufite :

Deux disciples d'un grand maître marchaient dans le jardin de sa maison. Ils avaient la permission de s'y promener chaque jour, matin et soir. La marche représentait une forme de méditation, une méditation comme le font les adeptes du Zen. On ne peut rester assis pendant vingt-quatre heures : les jambes ont besoin d'un peu d'exercice et le sang de circuler aussi. Dans le Zen, ainsi que dans le soufisme, on médite assis pendant quelques heures, puis on médite en marchant. La méditation se poursuit; que ce soit en position assise ou en marchant, le courant intérieur reste le même.

Ils étaient fumeurs tous les deux, et tous deux voulaient obtenir du maître la permission de fumer. Aussi décidèrent-ils ensemble : «Demain nous lui demanderons. Au pire, il refusera. Fumer dans le jardin ne représente pas un si grand sacrilège; nous ne fumerons pas dans sa maison.»

Le lendemain, ils se retrouvèrent dans le jardin. Le premier était furieux parce que l'autre fumait. Il lui dit : «Que s'est-il passé? J'ai demandé au maître, moi aussi, mais il a carrément refusé; il a dit non. Et tu es en train de fumer? Tu ne respectes donc pas ses ordres?»

— Mais il m'a dit oui.

Cela paraissait très injuste.

—Je vais aller lui demander immédiatement pourquoi il m'a dit non à moi alors qu'il t'a dit oui à toi.

— Attends une minute. Dis-moi, s'il te plaît, ce que tu lui as demandé.

— Ce que je lui ai demandé? J'ai simplement demandé : «Puis-je fumer en méditant?» Il a répondu «Non!» et avait l'air très en colère.

L'autre se mit à rire :

— Je sais à présent où est le problème. Moi, je lui ai demandé : «Puis-je méditer en fumant?» Il a répondu : «Oui».

Tout cela dépend. Une toute petite différence peut rendre la vie tout autre. Dans ce cas-ci, la différence est importante : demander «Puis-je fumer en méditant?» est tout simplement inacceptable, mais demander «Puis-je méditer en fumant?» c'est parfaitement acceptable. parfait! Cela signifie qu'au moins vous méditerez.

La vie n'est ni souffrance ni félicité. La vie est une toile blanche qu'il faut aborder comme le ferait un artiste.

Un vagabond frappa un jour à la porte d'une auberge baptisée «Georges et le Dragon».

— Pourriez-vous donner quelque chose à manger à un pauvre homme?demanda-t-il à la femme qui vint ouvrir.

— Non! cria-t-elle en claquant la porte.

Quelques secondes plus tard, le clochard frappa de nouveau.

La même femme lui répondit.

— Pourrais-je avoir quelque chose à manger? dit le vagabond.

— Va-t-en, espèce de bon à rien! Lui dit la femme, et ne reviens pas!

Au bout de quelques minutes, le vagabond frappa encore. La femme vint à la porte :

— Pardonnez-moi, dit le clochard, mais pourrais-je parler à Georges, cette fois?

L'auberge Georges et le Dragon, c'est la vie. Vous aussi vous pouvez demander Georges.

Il n'y a pas d'autre dieu que la vie

Osho,
Comment peut-on vivre librement?

Mon message est très simple : Vivez aussi dangereusement que possible. Vivez totalement, intensément, passionnément, car n'y a pas d'autre dieu que la vie.

Selon Friedrich Nietzsche, Dieu est mort. C'est faux, parce qu'en premier lieu, Dieu n'a jamais existé. Comment peut-il être mort? La vie est, a toujours été, sera toujours. Laissez-vous... et je le répète une autre fois – laissez-vous posséder par la vie.

Les prétendues religions du passé vous disent exactement le contraire. Elles prétendent : «Renoncez». Je dis : «Réjouissez-vous». Elles nient la vie, je l'affirme. Elles disent que la vie est un mal, une illusion, créent un concept de Dieu qui n'est rien d'autre qu'une projection de leur propre pensée et rendent un culte à cette projection. Cela est un tel manque d'intelligence et si totalement stupide qu'on se demande comment des millions de personnes ont cru en ces parfaites absurdités. Ce qui existe est nié au profit d'une simple abstraction mentale. *Dieu* n'est qu'un mot, mais ces religions affirment que Dieu est réel.

La vie, elle, est une *réalité* : Vous la sentez dans le battement de votre cœur, elle bat dans votre sang, elle est partout – dans les fleurs, les rivières, les étoiles. Les religions disent que tout cela est *maya*, illusion, et prétendent que la vie est faite de la même substance que les rêves. Elles créent donc un dieu, et tout le monde créant un dieu à sa propre image, il en existe des milliers.

C'est selon votre imagination. Vous pouvez créer un dieu à quatre têtes, un dieu avec des milliers de mains. Cela dépend de *vous*, ce jeu vous appartient. Et ces gens ont enseigné en empoisonnant les pensées d'autrui.

Je vous dis que la vie est la seule vérité qui existe. Il n'y a pas d'autre dieu que la vie. Donc, laissez-vous posséder par la vie sous toutes ses formes, ses couleurs, ses dimensions – tout l'arc-en-ciel, toutes les notes de musique. Si vous pouvez réussir cette simple chose... C'est simple parce que c'est uniquement une question d'abandon. Ne poussez pas le fleuve, laissez-le vous emmener à l'océan. Il est déjà en route.

Détendez-vous, laissez-vous aller et n'essayez pas d'être spirituel. Ne créez aucune séparation entre la matière et l'esprit. L'existence est une, la matière et l'esprit ne sont que les deux faces de la même médaille. Détendez-vous, reposez-vous, et allez avec le fleuve.

Soyez un joueur, non un homme d'affaires, et vous en saurez davantage sur Dieu, parce que le joueur peut prendre des risques. Le joueur ne calcule pas et peut miser tout ce qu'il possède. L'émotion du joueur lorsqu'il mise tout et qu'il attend... Que va-t-il se passer maintenant? À ce moment précis, qui peut amorcer une transformation de la *gestalt* intérieure, une fenêtre peut s'ouvrir.

Soyez ivre, ivre de vie, du vin de l'existence. Ne restez pas sobre. La personne sobre est une personne morte. Buvez le vin de la vie. Il a tant de poésie, d'amour et de sève. Vous pouvez faire apparaître le printemps à n'importe quel moment. Vous n'avez qu'à appeler le printemps et laisser le soleil, le vent et la pluie entrer en vous.

C'est à cause de *ce* message que les spiritualistes sont contre moi, parce qu'ils croient que je nie Dieu. Je ne nie pas Dieu. Je montre Dieu sous son vrai jour pour la première fois, je le rends vivant, je le rapproche de vous, plus près que votre propre cœur – parce qu'il est votre être même; il n'est pas du tout séparé ni éloigné; il n'est pas là-haut, mais ici, maintenant. Je tente de détruire l'idée même du là-haut et du jadis. Toute ma vision consiste à l'*ici et maintenant*, parce qu'il n'y a pas d'autre espace que l'ici et pas d'autre temps que maintenant.

L'ennui est un excellent point de départ

Osho,
J'ai découvert que je m'ennuyais et que je ne sentais aucune énergie en moi. Vous avez dit de nous accepter nous-même, peu importe ce que nous étions. Je suis incapable d'accepter la vie et je suis conscient d'un manque de joie intérieure. Que faire?

J'ai entendu parler d'un nouveau type de tranquillisant qui ne calme pas, il fait simplement apprécier la tension ressentie.

Essayez-le! Essayez-le et réessayez-le! Soyez un Américain! Mais pas plus de trois fois. Essayez-le une, deux, trois fois, puis arrêtez, parce qu'il est inutile d'être idiot.

Vous me dites :

J'ai découvert que je m'ennuyais...

C'est une découverte extraordinaire. Oui, je le pense vraiment! Très peu de gens se rendent compte qu'ils s'ennuient et ils *s'ennuient* souverainement. Tous les autres s'en rendent compte, sauf eux. Savoir que l'on s'ennuie est un excellent point de départ; mais, il faut comprendre ce que cela signifie.

L'homme est le seul animal qui peut éprouver de l'ennui; c'est une grande prérogative, cela fait partie de la dignité de l'être humain. Avez-vous déjà vu un bison ou un âne s'ennuyer? Ils ne s'ennuient pas. L'ennui signifie simplement que votre façon de vivre est dénaturée; ainsi, le fait de prendre conscience de «je m'ennuie. Il faut faire quelque chose, une transformation est nécessaire», peut se révéler un événement majeur. Ne pensez donc pas que cela soit mauvais de vous ennuyer – c'est un bon signe, un bon point de départ, un début très favorable. Mais ne vous arrêtez pas là.

Pourquoi éprouve-t-on de l'ennui? On s'ennuie parce qu'on a vécu à l'intérieur de modèles sclérosés imposés par les autres. Renoncez à ces modèles, sortez de ces modèles! Commencez à vivre par vous-même.

Seule la personne authentique ne s'ennuie pas, la personne fausse s'ennuiera inévitablement. Le chrétien s'ennuiera, le jaïn s'ennuiera, le parsi s'ennuiera, le communiste s'ennuiera, parce qu'ils divisent leur vie en deux. Leur vraie vie étant sans cesse réprimée, ils mènent une vie factice. C'est la vie factice qui crée l'ennui. Si vous faites ce à quoi vous êtes destiné, vous ne vous ennuierez jamais.

Le jour où j'ai quitté la maison pour aller à l'université, mes parents, mon père, les membres de ma famille, tous voulaient que je devienne un scientifique – qui aurait plus d'avenir – médecin ou ingénieur. J'ai refusé catégoriquement. «Je ferai ce que j'ai envie de faire, car je ne veux pas mener une vie ennuyeuse. En tant que scientifique, je pourrais avoir du succès – la respectabilité, l'argent, le pouvoir, le prestige – mais au fond de moi, je m'ennuierais constamment, parce que je ne serais pas celui que j'ai toujours voulu être.»

Ils furent atterrés, car ils ne voyaient aucun avenir dans l'étude de la philosophie; la philosophie est le parent pauvre des universités. Ils acceptèrent à contrecœur, persuadés que je gâchais mon avenir, mais ils ont fini par reconnaître que j'avais raison.

Il n'est pas question d'argent, de pouvoir ou de prestige quand il s'agit de savoir ce que vous voulez faire au plus profond de vous-même. Faites-le sans vous soucier des résultats et votre ennui disparaîtra. Il est probable que vous suiviez les conseils d'autrui; que vous fassiez les choses de la bonne façon, comme il se doit. Cette manière d'agir est la base de l'ennui.

L'humanité entière s'ennuie parce que la personne qui aurait voulu être un mystique est un mathématicien, celle qui aurait voulu être un mathématicien est un politicien, celle qui aurait voulu être un poète est un homme d'affaires. Tout le monde est ailleurs; personne n'est là où il devrait être. Il faut prendre des risques. C'est à cette condition que l'ennui pourra disparaître instantanément.

Vous me dites :

J'ai découvert que je m'ennuyais...

Vous vous ennuyez parce que vous n'avez été ni sincère ni honnête envers vous-même; vous n'avez pas respecté votre être profond.

Et vous dites encore :

Je ne sens aucune énergie en moi.

Comment sentir l'énergie? Celle-ci ne circule que lorsque vous faites ce que vous voulez faire, peu importe ce dont il s'agit.

Vincent Van Gogh était très heureux uniquement parce qu'il peignait. Pas une seule peinture ne se vendait, et il n'était apprécié de personne; il était affamé, moribond, son frère ne lui donnant qu'une faible somme pour pouvoir au moins survivre. Il ne mangeait que trois jours sur sept et jeûnait les quatre autres. Ces quatre jours de jeûne lui permettaient de se procurer ses toiles, sa peinture et ses pinceaux. Mais il était extrêmement heureux – l'énergie circulait.

Il n'avait que trente-trois ans lorsqu'il se suicida, mais son suicide vaut mieux que ce que vous appelez votre vie, car il ne s'est donné la mort qu'après avoir peint ce qu'il désirait peindre. Le jour où il termina un coucher de soleil, une peinture qu'il voulait faire depuis toujours, il écrivit dans une lettre : «Mon travail est terminé. Je suis heureux. Je quitte ce monde totalement satisfait.» Il s'est suicidé, mais je ne dirai pas que c'est un suicide : il a vécu pleinement et a «brûlé la chandelle de la vie par les deux bouts» avec une incroyable intensité.

Vous pouvez vivre cent ans, mais votre vie ne sera peut-être qu'un os desséché, un boulet, un poids mort.

Vous dites :

Osho... vous avez dit de nous accepter nous-même, peu importe ce que nous étions. Je suis incapable d'accepter la vie et je suis conscient d'un manque de joie intérieure.

Lorsque je dis «acceptez-vous», je ne dis pas «acceptez votre mode de vie»; ne vous méprenez pas sur mes paroles. Quand je dis «acceptez-vous», je dis «rejetez tout le reste; acceptez-vous». Vous avez interprété mes paroles à votre manière, car je n'ai pas dit ce que vous pensez avoir compris.

Rejetez tout ce qui vous a été imposé. Je ne dis pas de l'accepter. Acceptez ce qu'il y a au plus profond de votre être, ce que vous avez apporté de l'au-delà et dès lors vous n'aurez pas le sentiment qu'il vous manque quelque chose. Dès que vous vous acceptez sans conditions, il se produit soudainement une explosion de joie. Vos énergies recommencent à circuler, la vie devient extatique.

Les amis d'un jeune homme croyaient que celui-ci était mort alors qu'il n'était que dans le coma. On perçut certains signes vitaux juste à temps pour éviter qu'il ne soit enterré vivant et on lui demanda ensuite quelle impression cela faisait d'être mort.

— Mort! s'exclama-t-il. Je n'étais pas mort! Je savais constamment ce qui se passait. Et je savais aussi que je n'étais pas mort parce que j'avais froid aux pieds et que j'avais faim.

— Mais comment ces faits t'ont-ils convaincu que tu étais vivant? demanda l'un des curieux.

— Et bien, je savais que si j'avais été au ciel, je n'aurais pas eu faim et que si j'avais été dans l'autre endroit, je n'aurais pas eu froid aux pieds.

Il n'y a aucun doute, vous n'êtes pas encore mort : vous avez faim et vous avez froid aux pieds. Alors levez-vous et faites un peu de jogging!

Un homme pauvre, illettré et sans manières tomba amoureux de la fille d'un millionnaire. Elle l'invita chez elle, dans l'élégante demeure de ses parents, pour qu'il fasse leur connaissance. L'homme fut intimidé par le décor somptueux, les domestiques et toutes les autres marques de richesse, mais il parvint malgré tout à paraître détendu jusqu'à l'heure du repas. Assis à l'imposante table familiale, un peu grisé par le vin, il lâcha un pet sonore.

Le père de la jeune fille leva les yeux, puis fixa son chien couché aux pieds du pauvre. «Rover!» dit-il sur un ton menaçant.

Le pauvre fut soulagé que le chien soit blâmé à sa place et quelques minutes plus tard, il péta de nouveau.

Son hôte regarda son chien et répéta «Rover!» d'une voix encore plus forte.

Quelques minutes plus tard, il péta une troisième fois. Le visage du riche se plissa de rage. Il hurla : «Rover, sors d'ici tout de suite avant qu'il ne chie sur toi!»

Il est encore temps de sortir de la prison où vous avez vécu jusqu'à présent! Il ne faut qu'un peu de courage, le courage du joueur. Et rappelez-vous qu'il n'y a rien à perdre. Vous ne pouvez que perdre vos chaînes – votre ennui et ce continuel sentiment de manque intérieur. Qu'y a-t-il d'autre à perdre? Sortez du troupeau et acceptez votre être profond – en dépit de Moïse, Jésus, Bouddha, Mahavira et Krishna. Acceptez-vous. Vous n'avez de responsabilité ni envers Bouddha ni envers Zarathoustra, Kabir ou encore Nanak. Vous n'avez de responsabilité qu'envers vous-même.

Soyez responsable, et lorsque j'emploie le mot «responsable», s'il vous plaît, prenez garde de ne pas déformer ma pensée. Je ne parle ni de devoirs ni de responsabilités, mais j'utilise le mot au sens littéral : répondre à la réalité, être responsable.

Vous avez probablement mené jusqu'ici une vie irresponsable, assumant toutes sortes de responsabilités que les autres s'attendaient à vous voir assumer. Qu'avez-vous à perdre? Vous vous ennuyez, ce qui est une conjoncture favorable. Vous manquez d'énergie : que vous faut-il de plus pour quitter la prison? Sautez par-dessus le mur, ne regardez pas en arrière!

On vous dit : «réfléchissez-y à deux fois avant de sauter.» Je dis : «sautez d'abord, puis réfléchissez autant que vous voudrez, après!»

Zorba le Bouddha

Osho,
Parfois, lorsque vous parlez, j'imagine une existence qui ressemblerait à celle de Zorba le Grec – manger, boire et s'amuser – une vie passionnée et vigoureuse, et je crois que c'est la voie.

À d'autres moments, j'ai l'impression que vous dites que la voie consiste à s'asseoir en silence, attentif et immobile, comme un moine.

Qu'allons-nous donc devenir : des Zorba ou des moines? Et comment peut-on marier les deux? J'ai l'impression que vous avez réussi à intégrer les contradictions, mais pouvons-nous être à la fois des Zorba, animés par la passion et le désir, et des Bouddha calmes, sereins et imperturbables?

Lorsque Zorba devient Bouddha, c'est l'ultime synthèse. Ce n'est pas Zorba le Grec que je tente de créer, mais Zorba le Bouddha.

Zorba est magnifique, mais il lui manque quelque chose. La terre lui appartient, mais il lui manque le ciel. Il est terrestre, enraciné comme un cèdre géant et il n'a pas d'ailes. Il ne peut voler dans le ciel. Il a des racines, mais il n'a pas d'ailes.

Manger, boire et s'amuser, tout cela est parfait en soi; il n'y a aucun mal à cela. Mais cela ne suffit pas. Bientôt, vous vous en lasserez. On ne peut manger, boire et s'amuser sans arrêt. Bientôt, le manège ne sera plus une partie de plaisir, parce qu'il est répétitif. Seul un esprit très médiocre peut continuer d'y trouver le bonheur.

Si vous avez un grain d'intelligence, vous découvrirez tôt ou tard la futilité de tout cela. Combien de temps pourrez-vous continuer à manger, boire et vous amuser? Tôt ou tard, la question surgira inévitablement : À quoi bon? Pourquoi? Il est impossible d'éviter la question très longtemps. Si vous êtes très intelligent, elle vous *poursuivra*, persistante, et vous martèlera le cœur afin d'obtenir une réponse : Réponds-moi! Pourquoi?

Il faut se souvenir d'une chose : les pauvres et les affamés ne sont pas les seuls à être frustrés par la vie; non. Ils ne peuvent d'ailleurs l'être, car n'ayant pas encore vécu, comment pourraient-ils être frustrés? Ils ont des rêves. Un pauvre a toujours de l'espoir et désire toujours que quelque chose se produise; il espère que quelque chose se produira – si ce n'est aujourd'hui, alors ce sera demain ou après-demain; si ce n'est dans cette vie, alors ce sera dans la prochaine.

Qu'en pensez-vous? Qui sont ces gens qui ont décrit le paradis comme un club Playboy; qui sont-ils? Des pauvres, des défavorisés qui ont raté leur vie. Ils projettent leurs désirs dans le paradis. Au paradis coulent des fleuves de vin... Qui sont ces gens qui imaginent des fleuves de vin? Ils doivent avoir raté quelque chose. Et il existe des arbres qui exaucent les souhaits. Vous vous asseyez sous ces arbres, vous faites un vœu et à l'instant même, votre vœu se réalise. Il n'y a pas de laps de temps entre le désir et la réalisation, pas une ombre entre le désir et la réalisation : c'est instantané!

Qui sont ces gens? Défavorisés, ils ont été incapables de vivre leur vie. Comment peuvent-ils être frustrés par la vie puisqu'ils ne l'ont pas expérimentée – c'est uniquement par l'expérience que l'on peut connaître l'absolue futilité de tout cela. Et seuls les Zorba finissent par la découvrir.

Bouddha lui-même fut un Zorba. Il avait à sa disposition toutes les plus belles femmes du pays. Son père avait pris des dispositions pour qu'il soit entouré des plus jolies filles. Il possédait les plus ravissants palais; un palais différent pour chaque saison. Il avait *tout* le luxe possible – ou qu'il était possible d'avoir en ce temps-là. Il menait la vie de Zorba le Grec.

C'est pour cela qu'à l'âge de vingt-neuf ans, il devint totalement frustré. Comme c'était un homme très intelligent (d'ailleurs, s'il avait été médiocre, il aurait vécu ainsi toute sa vie), il constata très vite qu'il faisait toujours la même chose, toujours de la même manière. Chaque jour, il mangeait, chaque jour, il faisait l'amour à une femme... et c'étaient de nouvelles femmes tous les jours. Jusqu'à quand...? Bientôt, il en eut assez.

L'expérience de la vie est très amère. Elle n'est agréable que dans l'imagination. Dans la réalité, elle est très amère.

Il s'enfuit du palais et délaissa les femmes, les richesses, le luxe et tout le reste...

Donc, je ne suis pas contre Zorba le Grec, puisque Zorba le Grec est la base même de Zorba le Bouddha. Bouddha naît de cette expérience. Aussi suis-je entièrement pour ce monde, car je sais qu'on ne peut faire l'expérience de l'autre monde qu'à travers celui-ci. Donc, je ne vous dis pas de fuir ce monde, je ne vous dirai pas de devenir moine. Un moine est quelqu'un qui s'est retourné contre Zorba; il fuit la réalité, est lâche et agi prématurément par manque d'intelligence. Il n'est pas mature. Un moine est immature, avide – avide de l'autre monde –; il le veut trop tôt alors que ce n'est pas encore le moment : il n'est pas encore mûr.

Vivez dans ce monde-ci, car ce monde apporte maturation, maturité, plénitude. Les défis de ce monde vous donnent un centre, une conscience. Et cette conscience devient une échelle. Alors vous pouvez passer de Zorba à Bouddha.

Mais je le répète encore : Seuls les Zorba deviennent des Bouddha – et Bouddha n'a jamais été moine. Un moine est quelqu'un qui n'a jamais été un Zorba et qui a été ensorcelé par les paroles des Bouddha. Un moine est un imitateur; il est faux, c'est un imposteur. Il imite les Bouddha. Qu'il soit chrétien, bouddhiste ou jaïn, cela ne fait pas vraiment de différence : il imite les Bouddha.

Lorsqu'un moine se retire du monde, il va lutter contre celui-ci : ce n'est pas un départ serein. Son être tout entier éprouve de l'attirance pour le monde et il la combat. Il est divisé. Une partie de son être penche vers ce monde et l'autre est avide de l'autre. Il est déchiré. Un moine est avant tout un schizophrène, une personne partagée en deux, entre le supérieur et l'inférieur. L'inférieur continue de l'attirer, et plus il est réprimé, plus il devient attrayant. Et parce qu'il n'a pas vécu l'inférieur, il ne peut accéder au supérieur.

On ne peut accéder au supérieur que lorsque on a entièrement vécu l'inférieur. On ne peut mériter le supérieur qu'en traversant toute la douleur et l'extase de l'inférieur. Avant qu'un lotus ne devienne lotus, il doit faire son chemin dans la boue – cette boue, c'est le monde.

Le moine a fui la boue, jamais il ne deviendra lotus. C'est comme si une graine de lotus craignait de tomber dans la boue – peut-être à cause de l'ego : «Je suis une graine de lotus! Je ne puis tomber dans la boue.» Mais alors, elle restera graine et ne fleurira jamais comme le lotus. Si elle veut devenir fleur de lotus, elle doit tomber dans la boue; elle doit vivre cette contradiction. Sans cette contradiction, sans ce séjour dans la boue, il lui est impossible d'évoluer.

Je suis la dernière personne qui fera de vous un moine – sinon, pourquoi les moines et les religieuses se dresseraient-ils tant contre moi? J'aimerais que vous vous enraciniez dans la terre.

Je suis parfaitement en accord avec Friedrich Nietzsche lorsqu'il déclare : «Je vous conjure, mes frères, de rester fidèles à la terre et de ne pas croire en ceux qui vous disent d'espérer en un autre monde!» Que votre première leçon de confiance consiste à faire confiance à la terre. Elle est votre demeure en cet instant même!

Ne rêvez pas de l'autre monde. Vivez ce monde avec intensité, avec passion. Vivez-le totalement, avec tout votre être. Cette totale confiance, cette vie de passion, d'amour et de joie vous donneront la capacité d'aller plus loin.

L'autre monde est caché dans celui-ci. Le Bouddha dort à l'intérieur du Zorba. Il doit être réveillé. Et personne ne peut vous éveiller, sinon la vie elle-même.

Je suis ici pour vous aider à être entier, peu importe où vous vous trouvez; quel que soit votre état, vivez-le pleinement. Ce n'est qu'en vivant une chose pleinement qu'on la transcende.

Commencez par devenir un Zorba, une fleur terrestre, et à travers cette expérience, acquérez la capacité de devenir un Bouddha – la fleur de l'autre monde. L'autre monde n'est pas éloigné de ce monde-ci; l'autre monde n'est pas contre ce monde : l'autre monde est caché dans celui-ci. *Ce* monde n'est qu'une manifestation de l'autre monde et l'autre monde, la partie non manifestée de ce monde-ci.

La tristesse a sa beauté

Osho,
Est-il possible de célébrer la tristesse?

Ne vous identifiez pas à la tristesse. Devenez un spectateur et goûtez le moment de tristesse, parce que la tristesse a sa beauté.

Vous ne l'avez jamais remarqué. Vous vous identifiez tellement au sentiment de tristesse que vous ne percevez jamais la beauté d'un moment triste. Si vous observez attentivement la tristesse, vous serez surpris des trésors que vous avez manqués. Lorsque vous êtes heureux, vous ne ressentez jamais aussi profondément le bonheur que la peine lorsque vous êtes triste. Il y a de la profondeur dans la tristesse, de la frivolité dans le bonheur. Allez et observez les gens heureux. Les soi-disant gens heureux, les *playboys* et les *playgirls* – dans les clubs, les hôtels, les salles de spectacle

– sont toujours souriants et pétillants de gaieté. Vous les trouverez toujours superficiels, sans profondeur. Ils n'ont aucune profondeur. Le bonheur ressemble à des vagues de surface; vous menez une vie superficielle. Mais il y a de la profondeur dans la tristesse. Quand vous êtes triste, cela ne ressemble pas à des vagues de surface, mais aux abîmes de l'océan Pacifique – profond de plusieurs kilomètres.

Entrez dans la profondeur, observez-la. Le bonheur est bruyant; la tristesse est silence. Le bonheur peut être au jour, la tristesse ressemble à la nuit. Le bonheur peut être identifié à la lumière; la tristesse à l'obscurité. La lumière va et vient, l'obscurité demeure; elle est éternelle. La lumière apparaît de temps à autre, l'obscurité est permanente.

Si vous pénétrez dans la tristesse, vous ressentez tout cela. Vous prenez soudain conscience que la tristesse est là, comme un objet; vous observez en spectateur et soudain, vous commencez à éprouver de la joie. Une si belle tristesse! Une fleur de l'obscurité, une fleur des profondeurs éternelles. Comme un abysse insondable, si silencieux, si musical – sans aucun bruit, aucune agitation. On peut y tomber sans fin et en ressortir totalement rajeuni. La tristesse est un repos.

C'est une question d'attitude. Lorsque vous êtes triste, vous pensez qu'il vous est arrivé un malheur quelconque. Dire que c'est un malheur est une interprétation et vous tentez ensuite d'y échapper; vous ne méditez jamais sur l'événement. Alors vous voulez voir des gens, vous rendre à une fête, au club, ouvrir la télévision ou la radio, ou vous mettre à lire le journal; faire quelque chose qui vous permet d'oublier. Considérer la tristesse comme un mal est une mauvaise attitude qu'on vous a enseignée. La tristesse n'a rien de mauvais. C'est l'un des pôles. Le bonheur est un pôle, la tristesse en est un autre. La félicité est un pôle, la douleur en est un autre. La vie est composée des deux. Une vie toute de félicité aura une extension latérale, mais elle manquera de profondeur. Une vie toute de tristesse aura de la profondeur, mais elle manquera d'extension. Une vie faite à la fois de tristesse et de félicité est multidimensionnelle; elle se déplace dans toutes les dimensions à la fois. Observez la statue de Bouddha ou regardez-moi parfois dans les yeux : vous découvrirez les deux : la félicité (la paix) et une certaine tristesse. Vous découvrirez une félicité qui renferme la tristesse, parce que cette tristesse lui donne de la profondeur. Observez la statue du Bouddha – bienheureux, mais triste tout de même. Le mot «triste» a de fausses connotations; il suppose que quelque chose ne va pas. C'est l'interprétation que vous lui donnez.

Pour moi, la vie tout entière est bonne. Ce n'est que lorsque vous comprenez la vie dans sa totalité que vous pouvez la célébrer, autrement vous ne le pouvez pas. Célébrer veut dire : Quoi qu'il arrive, cela ne changera rien : je célébrerai. La célébration n'est pas liée à certaines conditions : «Je vais célébrer quand je serai heureux» ou «Je ne célébrerai pas quand je serai malheureux.» La célébration est inconditionnelle; je célèbre la vie. Elle apporte de la tristesse? Parfait, je la célèbre. Elle apporte du bonheur? Parfait, je le célèbre. La célébration est une attitude chez moi, elle ne dépend pas de ce que la vie apporte.

Mais il y un problème, car chaque fois que j'emploie des mots, ceux-ci ont des connotations dans votre esprit. Quand je dis «célébrer», vous croyez que cela exige d'être heureux. Comment peut-on célébrer lorsqu'on est triste? Je ne dis pas qu'on doit être heureux pour célébrer. Célébrer, c'est être reconnaissant pour tout ce que la vie vous donne, tout ce que Dieu vous donne. La célébration est gratitude, elle est reconnaissance. Je vous l'ai dit et vous le répéterai...

Un mystique soufi était très pauvre, affamé, rejeté, fatigué d'avoir voyagé. Une nuit, il se rendit dans un village et les gens le chassèrent. Ce village était habité par des musulmans orthodoxes qui étaient très difficiles à convaincre. Ils lui interdirent même de chercher un abri dans l'enceinte.

La nuit était froide; il était affamé et grelottait sous ses vêtements légers. Il était assis sous un arbre, hors des limites de la ville. Ses disciples étaient près de lui, déprimés, remplis de tristesse et même de colère.

Il se mit soudain à prier et dit à Dieu : «Tu es merveilleux! Tu me donnes toujours tout ce dont j'ai besoin.» C'en était trop.

Un de ses disciples lui fit remarquer : «Un instant, tu vas trop loin, en particulier cette nuit. Ces mots sont des mensonges. Nous sommes affamés, fatigués, peu vêtus et la nuit s'annonce froide. Nous sommes entourés d'animaux sauvages, rejetés par les gens de la ville et nous sommes sans un abri. De quoi rends-tu grâce à Dieu? Que veux-tu dire par : «Tu me donnes toujours tout ce dont j'ai besoin?»

Le mystique répondit : «Oui, je le répète encore une fois : Dieu me donne tout ce dont j'ai besoin. Cette nuit, j'ai besoin de pauvreté, cette nuit, j'ai besoin d'être rejeté; cette nuit, j'ai besoin d'être affamé, en danger. Sinon, pourquoi me donnerait-Il cela? Cela doit être un besoin. C'est une chose nécessaire et je dois lui être reconnaissant. Il s'occupe si merveilleusement de mes besoins, Il est vraiment merveilleux!» Voilà une attitude imperméable à la situation, car les circonstances n'y changent rien.

Célébrez, quelle que soit la situation. Si vous êtes triste, alors célébrez parce que vous êtes triste. Essayez. Allez, essayez et vous serez surpris; c'est comme ça. Vous êtes triste? Mettez-vous à danser, car la tristesse est si belle, une fleur silencieuse de l'être. Dansez, goûtez et vous sentirez tout à coup la tristesse disparaître, une distance se créer. Peu à peu, vous oublierez toute tristesse et vous célébrerez. Vous aurez transformé l'énergie.

L'alchimie consiste en cela : transformer le métal vil en or précieux (les métaux vils peuvent être transformés en or puisqu'ils sont constitués des mêmes éléments). La tristesse, la colère, la jalousie Il n'y a donc pas de différence entre l'or et le fer, qui sont constitués des mêmes électrons. Avez-vous déjà songé qu'un simple morceau de charbon et le plus gros diamant de la terre étaient une seule et même chose? Il n'y a aucune différence entre eux. En fait, le charbon qui subit la pression terrestre pendant des millions d'années se transforme en diamant. Ce n'est qu'une question de différence de pression, car tous deux sont du carbone et sont constitués des mêmes éléments.

Le vil peut être transformé en noble. Rien ne manque dans le vil. Il ne s'agit que d'une recomposition, un réarrangement. C'est là tout le sens de l'alchimie. Quand vous êtes triste, vous célébrez et vous donnez une nouvelle forme à la tristesse. Vous apportez à la tristesse quelque chose qui la transformera. Vous apportez la célébration. Vous êtes en colère? Exécutez une jolie danse. Au début, elle sera agressive. Vous commencerez à danser avec rage, agressivité, violence. Peu à peu, votre danse s'adoucira, et vous oublierez soudain votre colère. L'énergie se sera muée en danse.

Quand vous êtes fâché, vous ne songez même pas à danser. Quand vous êtes triste, vous ne songez même pas à chanter. Pourquoi ne chantez-vous pas votre tristesse? Chantez, jouez de la flûte. Au début, les notes seront tristes, mais quel mal y a-t-il à cela? Avez-vous entendu parfois, l'après-midi, dans la chaleur brûlante, dans la fournaise, monter tout à coup d'un bosquet de manguiers le chant d'un coucou? Au début, c'est une note triste. Il appelle son amour, son amoureux par un après-midi torride. Tout brûle autour de lui et il appelle l'amour par une note très mélancolique, très belle. Peu à peu, la note triste devient gaie. L'amoureux commence à répondre d'un autre bosquet. L'après-midi est moins torride; dans le cœur, tout s'apaise.

Dès que l'amoureux répond, la note est différente, tout change. C'est une transformation alchimique.

Vous êtes triste? Mettez-vous à chanter, à prier, à danser. Quoi que vous puissiez faire, faites-le; et peu à peu, le métal vil se changera en métal noble, en or. Une fois que vous connaîtrez la clé, votre vie ne sera plus jamais la même. Vous pourrez déverrouiller toutes les portes.

Et la clé universelle est «tout célébrer».

On m'a parlé de trois mystiques chinois dont personne ne connaissait le nom. On les appelait simplement «les trois saints rieurs», parce qu'ils ne faisaient jamais rien d'autre que rire... Ils allaient d'une ville à l'autre en riant... Ils se tenaient dans les marchés et faisaient entendre un rire énorme... Tous les gens du marché se pressaient autour d'eux. Tous accouraient, fermaient boutique et les clients oubliaient pourquoi ils étaient venus. Ces trois individus étaient vraiment beaux et riaient de bon cœur.

Puis, leur rire devenait contagieux et les autres personnes se mettaient de la partie. Tous les gens du marché riaient. Ils avaient changé l'atmosphère du marché. Et si quelqu'un disait : «Dites-nous quelque chose», ils répondaient : «Nous n'avons rien à dire. Nous rions tout simplement et changeons l'atmosphère.» Alors que quelques instants plus tôt l'endroit était laid (les gens ne pensaient qu'à l'argent – avides, rapaces, plongés dans une atmosphère mercantile) l'atmosphère du marché tout entier changeait dès que ces trois fous arrivaient et se mettaient à rire.

Les gens n'achetaient plus. Tous oubliaient ce qu'ils étaient venus acheter ou vendre. Personne ne s'intéressait plus au gain; tout le monde riait et dansait autour d'eux. Pendant quelques instants, un monde nouveau s'ouvrait.

Ils parcouraient toute la Chine, de village en village, aidant simplement les gens à rire. Les gens tristes, fâchés, cupides, jaloux : tous se mettaient à rire avec eux. Et plusieurs avaient le sentiment d'avoir trouvé la clé (le pouvoir de changer).

Un jour, l'un des trois mourut. Les villageois se rassemblèrent et dirent : «Maintenant, les problèmes vont commencer. Nous allons voir s'ils riront toujours maintenant que leur ami est mort. Ils doivent pleurer.» Mais à leur arrivée, les deux dansaient, riaient et célébraient la mort de leur compagnon. Les villageois dirent alors : «C'en est trop. C'est indécent. Lorsqu'un homme meurt, il est déplacé de rire et danser.»

Les deux fous prirent la parole : «Vous ne savez pas ce qui est arrivé! Nous nous sommes toujours demandé lequel de nous trois mourrait le premier. Cet homme a gagné; nous avons perdu. Nous avons ri avec lui toute notre vie. Comment pourrions-nous le saluer autrement une dernière fois? Nous devons rire, nous devons nous amuser, nous devons célébrer. C'est la seule façon acceptable de dire adieu à l'homme qui a passé sa vie à rire. Et si nous ne rions pas, il se moquera de nous et pensera : "Espèce d'idiots! Ainsi, vous êtes à nouveau tombés dans le piège?" Nous ne considérons pas qu'il est mort. Comment le rire, comment la vie peuvent-ils mourir?»

Le rire est éternel, la vie est éternelle, la célébration se poursuit. Les acteurs changent, mais la pièce continue. Les vagues changent, mais l'océan demeure. Vous riez, vous changez, puis c'est un autre qui rit, mais le rire demeure. Vous célébrez, un autre célèbre, et la célébration se poursuit. L'existence est continuité, elle est un continuum; elle ne comporte aucune interruption. Mais les villageois ne pouvaient comprendre cela et étaient incapables de se mêler aux rires ce jour-là.

Ensuite, au moment de brûler le corps, les villageois dirent : «Nous allons lui donner un bain ainsi que le prescrit le rituel.»

Mais ses deux amis répliquèrent : «Non, notre ami a dit : "N'accomplissez aucun rite, ne changez pas mes vêtements, ne me donnez pas de bain. Vous n'avez qu'à me placer comme je suis sur le bûcher." Aussi devons-nous suivre ses instructions.»

Et tout à coup, il se produisit un événement incroyable. Lorsque le corps fut placé sur le feu, le vieillard joua son dernier tour. Il avait caché plusieurs pétards sous ses vêtements et soudain, il y eut *Diwali!*

Tout le village se mit à rire. Ses deux amis espiègles s'étaient mis à danser et le village entier fit de même. Ce n'était pas la mort, c'était une vie nouvelle qui commençait.

Aucune mort n'est la mort, parce que chaque mort ouvre une nouvelle porte; elle est un commencement. La vie n'a pas de fin; il y a toujours un nouveau début, une résurrection.

Si vous transformez la tristesse en une célébration, vous pouvez alors aussi changer votre mort en une résurrection. Apprenez cet art alors qu'il en est encore temps. Ne laissez pas la mort approcher avant d'avoir appris l'alchimie secrète qui consiste à changer les métaux vils en or. Car si vous pouvez transformer la tristesse, vous pourrez transformer la mort. Si vous pouvez célébrer de façon inconditionnelle, vous serez capable de rire, de célébrer; vous partirez heureux quand la mort viendra. Et lorsque vous pourrez partir en célébrant, la mort ne pourra vous tuer. Au contraire, vous aurez tué la mort. Mais commencez, essayez. Il n'y a rien à perdre. Mais les gens sont si bêtes qu'ils ne tentent rien, même lorsqu'ils n'ont rien à perdre. Qu'y aurait-il à perdre?

Le péché, c'est ne pas jouir de la vie

Osho
Expliquez-nous, s'il vous plaît, l'art de vivre.

L'homme naît pour réaliser la vie, mais cela dépend de lui.

Il peut passer à côté. Il pourra respirer, manger, vieillir, il pourra marcher vers la tombe, ce ne sera pas la vie. Ce sera une mort graduelle du berceau à la tombe, une mort progressive qui durera soixante-dix-sept ans.

Et parce que des millions de personnes autour de vous meurent de cette mort lente, vous vous mettez à les imiter. Les enfants apprennent tout de ceux qui les entourent et nous sommes entourés de morts.

Aussi faut-il d'abord comprendre ce que j'entends par la «vie». Elle ne doit pas consister simplement à vieillir, mais à grandir.

Et ce sont deux choses différentes. Vieillir, tout animal peut le faire. Grandir est la prérogative des êtres humains. Seuls quelques-uns revendiquent ce droit. Grandir signifie pénétrer à chaque instant plus profondément dans le principe de la vie, cela veut dire s'éloigner de la mort et non s'en rapprocher. Plus vous pénétrez profondément dans la vie, plus vous comprenez l'immortalité en vous – vous vous éloignez de la mort. Il vient un moment où vous percevez que la mort n'est qu'un changement de costume, un changement de demeure, de forme – rien ne meurt, rien ne *peut* mourir.

La mort est la plus grande illusion qui soit.

Pour grandir, observez simplement l'arbre. Lorsqu'il s'élève vers le ciel, ses racines s'enfoncent plus profondément. Il y a un équilibre : plus l'arbre gagne en hauteur, plus ses racines s'enfoncent. Aucun arbre de cinquante mètres n'a de petites racines; elles ne pourraient supporter un arbre si immense. Dans la vie, grandir signifie pénétrer profondément à l'intérieur de soi-même, là où se trouvent ses racines.

Pour moi, la méditation est le principe premier de la vie. Tout le reste passe en second.

L'enfance est le moment privilégié. Lorsque vous vieillissez, en vous rapprochant de la mort, il devient de plus en plus difficile d'entrer en méditation.

La méditation signifie entrer dans son immortalité, entrer dans son éternité, entrer dans sa divinité.

L'enfant est le plus qualifié pour faire cela, parce qu'il ne plie pas encore sous le poids du savoir, de la religion, de l'éducation, des bêtises de toutes sortes. Il est innocent.

Mais malheureusement, son innocence est considérée comme de l'ignorance. Il existe une similitude entre l'ignorance et l'innocence, mais elles ne sont pas identiques. L'ignorance est aussi un état de non-connaissance, tout comme l'innocence. Mais il y a aussi une grande différence, que l'humanité entière n'a pas perçue jusqu'à présent.

L'innocence n'est pas bien informée et ne désire pas l'être. Elle pleinement contente, satisfaite.

Un petit enfant n'a pas d'ambitions, il n'a pas de désirs. Il vit si totalement dans l'instant : un oiseau en vol retient complètement son regard; un simple papillon aux teintes merveilleuses l'ensorcèle; devant un arc-en-ciel, il ne peut imaginer qu'il puisse exister quelque chose de plus important, de plus riche. Et la nuit remplie d'étoiles, d'étoiles au-delà des étoiles...

L'innocence est riche, elle est pleine, elle est pure.

L'ignorance est pauvre, c'est une mendiante : elle veut ceci, elle veut cela, elle veut être informée, respectable, riche et puissante.

L'ignorance marche sur la route du désir. L'innocence est un état de non-désir.

Mais étant donné que les deux ne sont pas savantes, nous les avons toujours confondues. Nous avons considéré comme acquis que les deux étaient identiques.

La première étape de l'art de vivre consiste à établir une distinction entre l'ignorance et l'innocence. L'innocence doit être supportée, protégée, parce que l'enfant emporte avec lui le plus grand des trésors, le trésor que les sages découvrent au prix d'immenses efforts. Les sages ont dit qu'ils redevenaient enfants, qu'ils naissaient de nouveau.

En Inde, le vrai brahmane (celui qui sait), se donne le nom de *dwij*, qui signifie «celui qui est né deux fois». Pourquoi est-il né deux fois? Qu'est-il arrivé lors de la première naissance? Quel besoin a-t-il d'une seconde naissance? Et que lui apportera-t-elle? Par cette seconde naissance, il obtiendra ce qui était disponible lors de la première naissance, mais que la société, les parents, l'entourage ont écrasé, détruit.

Chaque enfant est gavé d'informations.

On veut supprimer sa simplicité d'une façon ou d'une autre, car la simplicité ne lui sera d'aucune aide dans ce monde de compétition. Aux yeux du monde, sa simplicité le fera passer pour un nigaud; son innocence sera exploitée de toutes les façons possibles. Redoutant la société, redoutant le monde que nous avons créé pour nous-même, nous essayons de faire de chaque enfant un être intelligent, rusé, informé, pour qu'il appartienne à la classe des puissants et non à celle des opprimés et des impuissants. Et une fois que l'enfant commence à grandir dans cette mauvaise direction, il continue à suivre cette voie – toute sa vie suit cette direction.

Quand vous prenez conscience que vous passez à côté de la vie, l'innocence devient le premier principe à rétablir. Abandonnez votre savoir, oubliez vos écritures, oubliez vos religions, vos théologies, vos philosophies. Renaissez, soyez innocent et tout sera entre vos mains. Débarrassez votre mental de tout savoir qui n'est pas le vôtre, de tout ce qui est emprunté, de tout ce qui vient de la tradition, des convenances, de tout ce qui vous a été donné par les autres : parents, professeurs, universités. Débarrassez-vous-en tout simplement.

Redevenez simple, redevenez un enfant.

Et la méditation permet ce miracle.

La méditation est simplement une méthode chirurgicale peu commune qui vous détache de tout ce qui n'est pas vôtre et ne conserve que ce qui correspond à votre être authentique. Elle brûle tout le reste et vous laisse debout, nu, seul sous le soleil, dans le vent. Comme si vous étiez le premier homme descendu sur terre, qui ne sait rien, qui a tout à découvrir, qui doit mener une quête, qui doit accomplir un pèlerinage.

Le pèlerinage constitue le second principe.

La vie doit être une recherche, non un désir, mais une quête; non l'ambition de devenir ceci ou cela, le président ou le premier ministre d'un pays, mais une quête pour la découverte de : «Qui suis-je?»

Il est très étrange que des gens qui ignorent qui ils sont s'efforcent de devenir quelqu'un. Ils ne savent même pas qui ils sont à l'instant même! Ils ne connaissent pas leur être profond, mais ils veulent devenir.

Devenir est une maladie de l'âme.

Être, c'est vous.

Et découvrir votre être, c'est commencer à vivre. Alors chaque instant est une nouvelle découverte, chaque moment apporte une nouvelle joie. Un nouveau mystère ouvre ses portes, un nouvel amour commence à grandir en vous, une nouvelle compassion que vous n'avez jamais éprouvée auparavant, une nouvelle sensibilité à la beauté, à la bonté.

Vous êtes si sensible que même le plus petit brin d'herbe revêt une importance capitale à vos yeux. Votre sensibilité vous permet de voir clairement que ce brin d'herbe a autant d'importance pour l'existence que la plus grande des étoiles. Sans ce brin d'herbe, l'existence serait diminuée. Et ce brin d'herbe est unique; il est irremplaçable et a sa propre individualité.

Cette sensibilité vous créera des amitiés nouvelles, des amitiés avec les arbres, les oiseaux, les animaux, les montagnes, les fleuves, les océans, les étoiles. La vie s'enrichit avec l'amour qui grandit, avec l'amitié qui grandit.

Voici un merveilleux épisode de la vie de saint François.

Bien que mourant, il s'est toujours déplacé d'un endroit à un autre à dos d'âne afin de partager ses expériences. Un jour, tous ses disciples étaient réunis pour entendre ses dernières paroles. Les dernières paroles d'un homme sont toujours les plus importantes, parce qu'elles renferment toute l'expérience de sa vie. Mais les disciples eurent du mal à croire ce qu'ils entendirent...

Saint François ne s'adressa pas à ses disciples, mais à son âne. Il lui dit : «Frère, j'ai une dette immense envers toi. Tu m'as porté d'un endroit à l'autre sans jamais te plaindre. Avant de quitter ce monde, tout ce que je souhaite, c'est que tu me pardonnes; je n'ai pas agi humainement avec toi.»

Telles furent les dernières paroles de saint François. Appeler l'âne «mon frère» et lui demander pardon, quelle extraordinaire sensibilité!

Lorsque vous devenez plus sensible, la vie s'élargit. Elle n'est plus un minuscule étang, elle devient océan. Elle ne se réduit plus à vous, votre femme et vos enfants; elle n'est plus limitée.

La vie tout entière devient votre famille, et si la vie entière ne devient pas votre famille, vous ne savez pas encore ce qu'est la vie, car nul homme n'est une île; nous sommes tous unis. Nous formons un vaste continent et sommes rattachés de millions de façons. Et si nos cœurs ne sont pas remplis d'amour envers le tout, notre vie est amputée en proportion.

En premier lieu, la méditation vous apportera la sensibilité et un fort sentiment d'appartenance au monde. C'est notre monde (les étoiles sont à nous et nous ne sommes pas étrangers ici). Nous appartenons intrinsèquement à l'existence. Nous faisons partie d'elle, nous sommes au *cœur* d'elle.

En second lieu, la méditation vous apportera un grand silence, car toutes vos connaissances inutiles disparaîtront. Les idées rattachées à ces connaissances disparaîtront aussi... Il se fait un grand silence et vous voilà surpris : ce silence est la seule musique qui existe.

Toute musique vise à mettre ce silence en évidence. Jadis, les mages de l'Orient ont insisté énormément sur le fait que tous les arts majeurs – la musique, la poésie, la danse, la peinture, la sculpture – sont le fruit de la méditation. Ceux-ci tente de faire entrer l'inconnu dans l'univers connu pour ceux qui ne sont pas mûrs pour le pèlerinage; ils ne sont que des dons destinés à ceux qui ne sont pas prêts à entreprendre ce pèlerinage.

Il est possible qu'un chant éveille le désir de partir à la recherche de la source, il est possible qu'une statue...

La prochaine fois que vous entrerez dans un temple de Gautama Bouddha ou de Mahavira, asseyez-vous simplement en silence et observez leur statue, car celles-ci ont été réalisées selon certaines perspectives et de telle manière qu'en les contemplant, on peut entrer dans le silence. Ce sont des statues qui engendrent la méditation et qui n'ont rien à voir avec Gautama Bouddha ou Mahavira en tant que personnes.

Voilà pourquoi toutes ces statues se ressemblent – Mahavira, Gautama Bouddha, Neminatha, Adinatha... Si vous découvrez vingt-quatre *teerthankaras* de Jaïns dans le même temple, vous trouverez vingt-quatre statues toutes semblables, en tous points identiques.

Lorsque j'étais enfant, j'avais l'habitude de demander à mon père : «Peux-tu m'expliquer comment il se peut que vingt-quatre personnes soient exactement semblables, avec la même taille, le même nez, le même visage, le même corps?»

Il avait coutume de répondre : «Je ne sais pas. Cela m'intrigue toujours de constater qu'il n'y a pas l'ombre d'une différence. C'est un phénomène sans précédent; il n'y a pas deux personnes exactement semblables dans le monde entier, que dire alors lorsqu'il y en a vingt-quatre?»

En progressant dans la méditation, j'ai trouvé la réponse par moi-même. *J'ai* découvert la réponse : ces statues n'ont rien à voir avec les hommes qu'elles représentent, mais elles se rapportent à ce qui s'est passé à l'intérieur de ces vingt-quatre personnes, qui était une même expérience.

Nous ne nous sommes pas occupés de l'extérieur : nous avons insisté pour ne tenir compte que de l'intérieur. L'extérieur n'a pas d'importance. Que quelqu'un soit jeune, vieux, noir, blanc, homme ou femme, c'est sans importance, ce qui importe, c'est qu'à l'intérieur, il y a un océan de silence. Dans cet état océanique, le corps adopte une certaine posture.

Vous l'avez observé vous-même, mais vous n'y avez pas prêté attention. Lorsque vous êtes en colère, avez-vous remarqué que votre corps adoptait une certaine posture? Quand vous êtes en colère, vous ne pouvez garder les mains ouvertes : vous serrez le poing. Quand vous êtes en colère, vous ne pouvez sourire (en êtes-vous capable?). Une émotion particulière force le corps à adopter une certaine posture. De simples détails établissent entre eux des liens étroits à l'intérieur.

Ainsi, ces statues sont scultées de telle manière que si vous vous asseyez simplement en silence et que si vous les observez, puis fermez les yeux, une image inversée pénètre votre corps et vous commencez à éprouver quelque chose que vous n'aviez jamais ressenti auparavant.

Ces statues et ces temples ne furent pas érigés pour le culte, mais pour l'expérimentation. Ce sont des laboratoires scientifiques. Ils n'ont rien à voir avec la religion.

Depuis des siècles, on a fait appel à une certaine science secrète pour que les générations à venir puissent entrer en contact avec les expériences des générations passées, non par des livres ou des paroles, mais par quelque chose de plus profond : le silence, la méditation, la paix.

Votre amour, votre amitié grandissent à mesure que votre silence s'amplifie; votre vie devient une danse d'instant en instant, une joie, une célébration.

Entendez-vous les pétards dehors? Vous êtes-vous déjà demandé pourquoi, partout dans le monde, dans chaque culture, dans chaque société, quelques jours de l'année sont consacrés à la célébration? Ces quelques jours de célébration sont simplement une compensation, car ces sociétés ont enlevé toute célébration de la vie, et si rien ne la compense, la vie peut représenter un danger pour celle-ci.

Chaque culture est forcée de vous donner une certaine compensation afin que vous ne vous sentiez pas complètement perdu dans la souffrance, dans la tristesse. Mais ces compensations sont factices. Ces pétards et ces lumières à l'extérieur ne peuvent réjouir votre cœur. Ils sont faits pour les enfants, et, personnellement, je les trouve tout simplement insupportables. Mais dans votre monde intérieur, il peut y avoir en permanence des lumières, des chants, de la joie.

N'oubliez jamais que la société vous accorde une compensation lorsqu'elle considère que la répression peut engendrer une situation explosive si elle n'est pas compensée. La société trouve un moyen qui vous permet d'exprimer ce qui est réprimé. Cependant, cette célébration n'est pas authentique, elle ne peut l'être.

La véritable célébration devrait naître de votre vie, *dans* votre vie. La véritable célébration ne peut suivre le calendrier : le 1er novembre est un jour de célébration. Il est assez étrange que vous soyez malheureux toute l'année et que le 1er novembre vous émergiez tout à coup de la souffrance en dansant. L'un ou l'autre est irréel, votre souffrance ou le 1er novembre; les deux ne peuvent être vrais. Une fois le 1er novembre passé, vous vous retrouvez dans votre trou noir, chacun dans votre malheur, chacun dans votre angoisse.

La vie devrait être une célébration continuelle, un festival de lumières tout au long de l'année. Alors seulement vous pourrez grandir et vous épanouir. Transformez les petites choses en célébration.

Au Japon, par exemple, il y a la cérémonie du thé. Elle se tient dans chaque monastère zen, et dans chaque foyer où cela est possible, les gens ont un petit temple où ils prennent le thé. Le thé n'est plus une chose ordinaire, profane; ils l'ont transformé en célébration.

Le temple où l'on prend le thé est construit à un endroit précis : dans un merveilleux jardin agrémenté d'un bel étang, entouré de fleurs et où nagent des cygnes. À leur arrivée, les invités doivent laisser leurs chaussures à l'extérieur : il s'agit bien d'un temple. Lorsque vous entrez, vous devez garder le silence; vous devez laisser vos pensées, vos idées et vos discours à l'extérieur, avec vos chaussures.

Vous vous asseyez en posture de méditation. L'hôtesse, la femme qui prépare le thé pour vous – ses gestes sont si gracieux que l'on dirait qu'elle exécute une danse – dépose les tasses et les soucoupes devant vous comme si vous étiez des dieux. Elle s'inclinera devant vous avec beaucoup de respect et vous accepterez le thé avec le même respect.

Le thé est préparé dans un samovar particulier qui émet des sons agréables, une musique qui lui est propre. Chacun doit d'abord écouter la musique du thé, partie intégrante de cette cérémonie. Chacun est silencieux, chacun écoute les oiseaux qui gazouillent dans le jardin et le samovar... Le thé invente sa propre musique. Une paix vous entoure...

Lorsque le thé est prêt, il est versé dans une tasse. Vous ne devez pas le boire ainsi qu'on le fait habituellement. D'abord, vous devez en respirer l'arôme. Ensuite vous le boirez à petites gorgées, comme s'il venait de l'au-delà; vous prendrez votre temps – rien ne presse. Quelqu'un commencera peut-être à jouer de la flûte ou de la cithare.

Autour d'une chose ordinaire – simplement du thé – les orientaux ont créé une merveilleuse fête religieuse dont chacun ressort nourri, rafraîchi, avec l'impression d'être plus jeune, plus vibrant.

Ce que l'on fait avec du thé, on peut le faire avec n'importe quoi – des vêtements, ou de la nourriture. Les gens vivent presque endormis. Chaque tissu, chaque vêtement a sa beauté propre et crée une impression unique. Si vous êtes sensible, vous ne vous servirez pas d'un vêtement uniquement pour couvrir votre corps, mais pour exprimer votre individualité, votre goût personnel, votre culture, votre être profond.

Tout ce que vous faites devrait exprimer ce que vous êtes, devrait porter votre signature. Alors la vie deviendrait une célébration continuelle.

Même si vous tombez malade et que vous êtes alité, vous transformerez ces instants passés au lit en des moments de beauté et de joie, de repos, de détente ou de méditation, des moments consacrés à la poésie ou à l'écoute de la musique.

Vous ne devriez pas être triste parce que vous êtes malade. Vous devriez être heureux à la pensée que tout le monde est au bureau alors que vous êtes dans votre lit en train de vous détendre, comme un roi : quelqu'un vous prépare du thé, le samovar chante, un ami vous a proposé de venir jouer de la flûte, etc. Ces choses ont plus d'importance que n'importe quel médicament.

Quand vous êtes malade, vous appelez un médecin. Il est pourtant plus important d'appeler ceux qui vous aiment, car il n'existe pas de médecine plus efficace que l'amour. Appelez ceux qui peuvent créer autour de vous la beauté, la musique, la poésie, car il n'y a rien de mieux qu'un climat de célébration pour guérir.

La médecine est la forme de traitement la moins élevée, mais il semble que nous ayons oublié tout le reste. C'est pourquoi nous devons dépendre de la médecine, être triste et maussade, comme si le bonheur de nous trouver au bureau nous manquait! Au bureau, vous étiez malheureux, mais un seul jour de congé et voilà que vous vous agrippez aussi au malheur; vous ne voulez pas lâcher prise.

Mettre de la créativité dans tout, tirer le meilleur du pire; c'est cela que j'appelle «l'art» véritable.

Si un homme a vécu toute sa vie en en transformant chaque moment et chaque étape en beauté, en amour ou en joie, sa mort deviendra naturellement la plus belle réussite de toute sa vie.

La dernière touche apportée à son œuvre devra être que sa mort ne soit pas laide comme elle l'est habituellement pour les autres. Si la mort est laide, cela signifie que toute la vie a été gaspillée. La mort devrait être une acceptation paisible, une entrée fervente dans l'inconnu, un joyeux au revoir aux vieux amis, à cette bonne vieille terre. Elle ne devrait en rien être tragique.

Un maître zen, Lin Chi, était sur le point de mourir. Des milliers de disciples s'étaient rassemblés pour entendre son dernier sermon, mais Lin Chi était simplement étendu, heureux et souriant, et ne disait mot. Voyant qu'il allait mourir et qu'il ne disait rien, quelqu'un décida de lui rafraîchir la mémoire; il s'agissait d'un vieil ami, un maître...

Comme il n'était pas un de ses disciples, il se permit de lui dire : «Lin Chi, as-tu oublié que tu devais prononcer tes dernières paroles? J'ai toujours dit que ta mémoire te jouait des tours. Oublies-tu que tu es mourant?»

Lin Chi répondit : «Écoute.» Sur le toit, deux écureuils se poursuivaient en poussant des cris perçants. «Comme c'est beau», dit-il, et il mourut.

Pendant un moment, après qu'il eût dit : «Écoute», il y eut un silence absolu.

Toutes les personnes présentes pensaient qu'il allait prononcer une phrase mémorable. Il n'en fut pas ainsi : il n'y eut que deux écureuils qui se battaient, poussaient des cris, couraient sur le toit... Il sourit, puis mourut... Mais il avait transmis son dernier message : ne classez pas les choses comme petites ou grandes, triviales ou importantes. Tout est important. À cet instant, la mort de Lin Chi et la course des deux écureuils sur le toit étaient d'égale importance;

il n'y avait pas de différence. Il en est de même dans la vie. C'était là toute sa philosophie, l'enseignement de toute sa vie : il n'y a rien qui soit grand et rien qui soit petit; cela dépend de vous, cela dépend de ce que vous en faites.

Commencez par méditer et le silence, la sérénité, la félicité, la sensibilité continueront de grandir en vous. Quel que soit le fruit de votre méditation, essayez de l'extérioriser dans votre vie. Partagez-le, car ce qui est partagé grandit rapidement.

Au moment de mourir, vous savez que la mort n'existe pas. Vous pouvez dire au revoir, mais les pleurs et la tristesse sont inutiles; vous pouvez peut-être pleurer de joie, mais non de tristesse.

Mais à la base, il y a l'innocence.

Aussi, pour commencer, balancez toutes ces bêtises que vous transportez. Tout le monde transporte tant de bêtises et on se demande bien pourquoi. Les gens vous ont dit qu'il s'agissait de grands principes, de grandes idées...

Vous n'avez pas agi intelligemment avec vous-même.

Agissez intelligemment avec vous-même.

La vie est très simple, c'est une danse joyeuse. Et la terre entière peut déborder de joie et danser. Mais des gens tirent profit du fait que personne ne jouit de la vie, ne sourit, ne rit, que la vie est un péché, une punition. Comment pouvez-vous vous réjouir dans un tel climat, quand on vous répète que la vie est une punition, que vous souffrez parce que vous avez péché et qu'elle est une sorte de prison où vous avez été jeté pour souffrir?

Je vous le dis, la vie n'est pas une prison, ce n'est pas une punition. C'est une récompense qui n'est accordée qu'à ceux qui l'ont gagnée, méritée. Vous êtes en droit d'en profiter, car au contraire, il est un péché de *n'*en *pas* jouir.

Vous agirez contre la vie si vous ne l'embellissez pas, si vous la quittez exactement comme vous l'avez trouvée.

Non! à votre départ, qu'elle soit un peu plus belle, un peu plus joyeuse, un peu plus parfumée.

Une situation très dangereuse

Osho,
J'ai été attiré comme par un aimant vers votre communauté, à Oshopuram, en Amérique. Je savais simplement, à l'intérieur de moi-même, qu'il n'y avait aucun autre endroit sur cette planète où je pourrais faire l'expérience de la vie dans sa totalité. Je n'avais lu aucun de vos livres ni aucun autre ouvrage sur la recherche de la vérité, la conscience ou l'élévation de la conscience. Je me demande pourquoi je reviens toujours vers votre puits alors que je n'éprouve aucune soif ou, du moins, que je ne ressens pas cette soif.

La vie est un mystère et il n'est pas toujours possible d'expliquer ce qui vous arrive et pour quelle raison cela se produit. En tout premier lieu, pourquoi êtes-vous venu au monde? Il n'y a pas de réponse. Pourquoi l'amour naît-il soudain en vous sans vous prévenir d'avance? Il n'y a aucune explication logique à cela. Pourquoi voyez-vous la beauté dans la rose? On ne peut l'expliquer.

Vous dites : «J'ai été attiré comme par un aimant vers votre communauté, sans comprendre pourquoi j'étais là.» Personne ne peut savoir pourquoi il en est ainsi. Croyez-vous que tous ces gens comprennent pourquoi ils sont ici? Croyez-vous que je sais pourquoi je suis ici? On peut dire tout au plus : «Je suis ici à cause de vous et vous êtes ici à cause de moi.» Mais cela n'explique rien. «Je savais simplement, à l'intérieur de moi-même, qu'il n'y avait aucun autre endroit sur cette planète où je pourrais faire l'expérience de la vie dans sa totalité.» Être attiré, magnétisé est plus qu'il n'en faut.

Chacun aspire dans son cœur à vivre totalement la vie, mais la société ne vous le permet pas, la culture vous en empêche, la religion vous contrôle, la famille vous coupe les ailes. Tout autour de vous, il y des gens qui tirent profit du fait que vous ne vivez pas totalement. La raison pour laquelle ils le font a de quoi surprendre : leur exploitation de l'humanité en dépend.

Un homme qui vit pleinement ne consommera ni alcool ni aucune autre drogue. Naturellement, les gens qui gagnent des millions de dollars avec l'alcool et les drogues ne peuvent nous permettre de vivre totalement. Vivre totalement apporte une telle joie qu'il ne faut pas la détruire en consommant de l'alcool. Ce sont les gens malheureux qui ont besoin d'alcool, les gens préoccupés et qui veulent oublier leurs problèmes, leurs angoisses par un moyen quelconque pour quelques heures. L'alcool ne va rien changer, mais il semble que ce répit, ne fut-ce que de quelques heures, soit absolument nécessaire à des millions de gens.

Si tous nous vivions totalement, chaque moment serait si satisfaisant que personne n'attendrait plus devant les salles de cinéma. Qui souhaiterait voir un autre faire l'amour alors qu'il peut le faire lui-même? Pourquoi aller au cinéma lorsque sa propre vie représente un tel mystère, un si grand défi à découvrir... Qui s'intéresserait à des scénarios de troisième ordre?

L'homme qui vit totalement perd toute ambition. Il est si heureux aujourd'hui qu'il ne peut concevoir qu'il soit possible de l'être davantage. La folie si répandue chez l'homme – le désir d'avoir toujours plus – provient du fait qu'il ne vit pas totalement. Il a toujours un vide, un manque, car il sait que les choses auraient pu être meilleures. C'est de cette vie amputée que naissent toutes les ambitions et que se déroule le jeu de la société : les gens veulent devenir riches et célèbres, ils veulent devenir des politiciens, des présidents et des premiers ministres.

Jusqu'à présent, l'humanité n'a pu exister qu'en refusant à l'homme le droit de vivre pleinement en lui imposant toutes sortes de barrières. Car l'homme total sabotera beaucoup d'intérêts financiers dans le monde. L'homme total représente le plus grand danger pour le système. Vous ne pouvez rendre esclave un homme qui jouit de la vie dans sa plénitude, dans sa totalité. Vous ne pouvez le forcer à rejoindre l'armée, à tuer des gens et à être tué. Toute la structure de la société s'effondrerait.

Avec l'avènement de l'homme total, la structure de la société sera différente : sans ambitions (plus de grandes figures), mais immensément heureuse. Peut-être n'y avez-vous jamais songé : il n'y a de grands hommes que parce que des millions d'autres ne le sont pas; sinon, qui se souviendrait de Gautama Bouddha?

S'il y avait des millions de Gautama Bouddha, des millions de Mahavira, des millions de Jésus-Christ, qui s'intéresserait à ces gens?

Ces quelques individus sont devenus de grands hommes parce que des millions d'autres n'ont pas eu le droit de vivre totalement. Qui fréquentera les églises, les temples, les synagogues, les mosquées s'il n'y a plus de malheureux? Qui les fréquentera? Qui se préoccupera de Dieu, du ciel et de l'enfer? Un homme qui vit chaque moment avec tant d'intensité que la vie elle-même devient un paradis, que la vie elle-même devient divine, n'a pas besoin de rendre un culte à des statues, des écritures mortes, des idéologies moribondes, des superstitions stupides.

L'homme total représente le plus grand danger du monde pour l'ordre établi.

Et j'en suis la preuve : ce n'est pas sans raison que je suis condamné par le monde entier. Si on me crucifie, je ne pourrai pas dire à Dieu : «Pardonne à ces gens car ils ne savent pas ce qu'ils font.» D'abord, il n'y a aucun dieu auquel m'adresser; ensuite, je ne peux dire qu'ils agissent sans savoir ce qu'ils font. Je ne pourrai rien dire d'autre que : «Ils font exactement ce qu'ils veulent faire et ils le font *sciemment*.»

Leur mode de vie est en danger. Il est possible que leur mode de vie ne leur apporte ni joie ni félicité, mais c'est leur mode de vie. Même leur malheur leur appartient. Et ces malheureuses créatures forment une si vaste majorité qu'elles ne peuvent tolérer que des gens qui n'ont rien soient malgré tout si heureux et tellement joyeux que leurs cœurs sont remplis de musique et qu'ils peuvent se mettre à danser à tout moment.

Lors d'une conférence de presse, le Procureur général des États-Unis a dit : «Nous avons comme objectif prioritaire de détruire la communauté d'Osho.» On peut se demander pourquoi une si grande nation qui détient un tel pouvoir, devrait s'inquiéter d'une petite communauté de cinq mille personnes vivant dans un désert totalement à l'écart de l'Amérique? La ville américaine la plus proche est à trente-deux kilomètres.

Pourquoi était-il si inquiet? Pourquoi chaque église chrétienne me condamne-t-elle? Pour la simple raison que ces cinq mille personnes menaient une vie sans inhibitions. Elles vivaient vraiment dans une totale liberté et avaient laissé tomber toutes les barrières. Elles travaillaient peut-être plus que personne d'autre – douze heures par jour, parfois quatorze – et il leur restait encore de l'énergie pour danser et chanter le soir pendant des heures. Elles avaient l'énergie de se lever tôt le matin et de méditer pendant des heures.

Cela créait une situation très dangereuse. Si ces gens qui ne possédaient rien vivaient si heureux, pourquoi tous les chrétiens et les juifs américains – qui ont tout – étaient-ils malheureux?

Nous célébrions même la mort, alors qu'ils n'étaient même pas capables de célébrer la vie. Chaque fois qu'un sannyasin mourait, c'était une occasion de nous réjouir, de lui dire adieu en chantant et en dansant. Il partait pour un voyage éternel et peut-être ne le reverrions-nous jamais; ce n'était pas le moment d'être en deuil, d'être malheureux, de crier et de pleurer.

Cela devint un problème pour l'Amérique. Il devint prioritaire pour eux de détruire la communauté – et ils firent tout ce qui était illégal, criminel et inconstitutionnel pour y parvenir. Mais ces cinq mille personnes étaient sans défense. Elles n'avaient jamais pensé que le fait d'être heureux pouvait mettre leur vie en danger et que dans un monde malheureux, elles devaient se conduire exactement comme les autres. Lorsque tout le monde pleure et crie, on ne doit pas rire, sinon, ces gens en pleurs nous tueront.

Vous avez été attiré par la communauté *parce que* vous n'aviez lu aucun livre et que vous n'étiez pas chargé de connaissances empruntées. Vous n'étiez pas à la recherche de la vérité, sinon, naturellement, vous auriez fouillé les écritures, consulté les rabbins, les évêques, les érudits. Comme vous n'étiez pas motivé par la recherche de la vérité et que vous ne lisiez pas mes livres ou les livres de n'importe qui d'autre, votre mental était innocent, libre.

C'est à cause de cette qualité que vous vous êtes senti attiré par la communauté. Et une fois dans celle-ci, vous avez pu voir que la vie pouvait être vécue de façon totalement différente, de façon plus intelligente; que l'homme a simplement gâché une merveilleuse occasion de se découvrir, de découvrir de nouvelles dimensions de l'être, de nouvelles floraisons de la grâce, un amour neuf – un amour qui ne devient pas esclavage, mais qui vous rend plus libre que vous ne l'avez jamais été auparavant – un amour qui vous donne la liberté.

Pour la première fois, vous avez constaté que cinq mille personnes de toutes les races, de toutes les religions, de presque tous les pays, de toutes les couleurs pouvaient vivre exactement comme une immense famille.

Vous avez vu cinq mille personnes assises à une même table – et à l'époque du festival, vingt mille sannyasins mangeaient ensemble –; personne ne s'inquiétait de savoir qui était chrétien, juif ou musulman. Personne ne demandait jamais : «À quelle religion appartenez-vous?»

Tout le monde comprenait que notre religion consistait à vivre totalement, pleinement et permettait à quiconque de vivre à sa manière, selon ses goûts et ses aversions, sans intervenir dans sa vie et sans refuser que quiconque se mêle à la sienne. Cinq mille individus vivaient ensemble comme une unité organique.

C'est grâce à votre intelligence et à votre innocence que vous vous êtes approché de ce puits. Que vous ayez soif ou non... Il y a des soifs que la conscience ordinaire ignore, car elles sont profondément ancrées dans notre inconscient. Mais en approchant du puits, vous trouverez une grande satisfaction... Il est possible que vous n'ayez pas conscience de la soif, mais vous aurez conscience que quelque chose a été étanché en vous.

Tout risquer

La vie demande beaucoup de courage. Les lâches ne font qu'exister; ils ne vivent pas, car toute leur vie est axée sur la peur, et la vie axée sur la peur est pire que la mort. Ils vivent une sorte de paranoïa et ils ont peur de tout; non seulement des choses réelles, mais également des choses irréelles. Ils ont peur de l'enfer, des fantômes, de Dieu. Ils craignent mille et une choses issues de leur imagination ou de l'imagination des gens qui leur ressemblent. La peur prend de telles proportions que la vie devient impossible.

Il n'y a que les personnes courageuses qui puissent vivre. Le courage est la première chose à apprendre. En dépit de toutes les peurs, on devrait commencer à vivre. Pourquoi faut-il du courage pour vivre? Parce que la vie est insécurité. Si vous accordez trop d'importance à la sécurité, alors vous resterez enfermé dans une toute petite pièce, presque une prison que vous aurez construite vous-même. Ce sera un endroit sûr, mais il ne sera pas vivant. Il sera sécuritaire, mais vous n'y trouverez ni aventure ni extase.

Vivre consiste à explorer, à entrer dans l'inconnu, à essayer d'atteindre les étoiles! Soyez courageux et offrez tout en sacrifice aux pieds de la vie. Rien n'a autant de prix. Ne sacrifiez pas votre vie pour des vétilles – argent, sécurité, garanties – rien de tout cela n'est précieux. Il faut vivre sa vie aussi totalement que possible; ce n'est qu'alors que la joie naîtra, que vous pourrez déborder de bonheur.

Ceux qui veulent vivre vraiment doivent prendre des risques. Ils doivent continuer à avancer dans l'inconnu et apprendre une leçon fondamentale : qu'il n'y a pas de chez-soi, que la vie est un pèlerinage, sans commencement ni fin. Certes, il existe des endroits pour se reposer, mais ce ne sont que des abris d'un soir et, au matin, il faut repartir. La vie est un mouvement perpétuel, elle n'arrive jamais à destination; c'est pourquoi la vie est éternelle.

La mort a un commencement et une fin.

Mais vous n'êtes pas la mort, vous êtes la vie.

La mort est une idée fausse. Les gens créent la mort parce qu'ils aspirent à la sécurité. C'est le désir de sécurité et de garanties qui crée la mort et la peur de la vie chez l'individu, qui lui fait craindre d'avancer dans l'inconnu.

La vie ne se nourrit que de risques. Plus vous risquerez, plus vous serez vivant. Et une fois que vous comprendrez cela – non par désespoir, non par impuissance, mais dans la conscience de la méditation – vous serez enthousiasmé par l'incroyable beauté de ce que la vie permet.

L'homme peut accepter de se retrouver sans foyer par désespoir; alors il ne comprend rien du tout. C'est là que les existensialistes se sont égarés. Ils étaient très près, tout près : la vérité était à deux pas. Ils étaient aussi près que n'importe quel Bouddha, mais ils sont passés à côté, ils ont échoué. Au lieu d'entrer dans la félicité, ils s'attristèrent profondément du fait que la vie n'avait aucun sens, aucun but, aucune sécurité. Ils en furent très ébranlés et ce sentiment fut dévastateur.

Les Bouddha sont arrivés à la même conclusion, mais au lieu de s'en attrister, ils ont sauté dans l'inconnu. Ils ont annihilé toutes les frontières. Ils ont accepté cette conclusion, puisque c'est la vie. Ils ont accepté que cela soit la nature même de la vie et qu'il n'y avait par conséquent aucune raison de se sentir frustré. Et ils ont compris qu'il est merveilleux que la vie soit insécurité, parce qu'elle permet d'explorer, d'inventer; il est possible de découvrir des choses nouvelles, d'être surpris. Si tout était sécuritaire, assuré, garanti, prédestiné, aucune émotion, aucune danse n'existerait.

Les Bouddha ont dansé en voyant l'incroyable se produire, le miracle se réaliser; Ils se sont réjouis. À maintes et maintes reprises, Jésus a dit à ses disciples : «Réjouissez-vous, réjouissez-vous! Je le dis et le répète, soyez dans la joie!»

Et c'est là tout mon enseignement. Je ne vous donne ni un but, ni même une idée de la direction à suivre. Je vous fais simplement prendre conscience de la facticité de l'existence – ce qu'elle est, comment elle est. Harmonisez-vous à la vie, accompagnez-la sans désir personnel ou égoïste, sans aucune idée de ce qu'elle devrait être. Laissez-la être ce qu'elle est et détendez-vous.

Vos maisons ressemblent à des tombeaux. Vous accordez trop d'importance à la sécurité. Et un trop grand souci de la sécurité tue, car la vie est insécurité. C'est ainsi! Vous n'y pouvez rien; personne ne peut la rendre sécuritaire. Toutes les garanties sont fausses, toutes les garanties sont imaginaires. Une femme vous aime aujourd'hui, mais qu'en sera-t-il demain? Comment pouvez-vous être certain du lendemain? Vous vous rendrez peut-être à la mairie vous faire inscrire et instituer un lien légal afin qu'elle demeure votre femme demain également. Il est possible qu'elle demeure votre femme à cause des liens légaux, mais l'amour peut disparaître. L'amour ignore tout de la légalité. Et lorsque l'amour disparaît, que la femme demeure l'épouse et que l'homme demeure l'époux, alors la mort s'installe entre eux.

C'est à cause de la sécurité que nous créons le mariage, que nous créons la société, que nous suivons toujours les chemins balisés.

La vie est sauvage. L'amour est sauvage. Et Dieu est absolument sauvage. Il ne viendra pas dans vos jardins, car ils sont trop humains. Il ne visitera pas vos maisons, car elles sont trop petites. Vous ne le rencontrerez jamais sur vos chemins balisés. Il est sauvage.

N'oubliez pas que la vie est sauvage.

L'Amour

J'appelle l'homme qui ne connaît pas l'art d'aimer un matérialiste. Je ne traite pas de matérialiste l'homme qui ne croit pas en Dieu. Et je ne qualifie pas de religieux l'homme qui croit en Dieu. Je qualifie de religieux l'homme qui ne cesse de grandir, dans son amour, dans sa confiance et qui répand sans cesse son extase aux quatre coins de l'existence.

Osho

La musique intérieure

Le cœur humain est un instrument de musique qui recèle une musique grandiose. Elle est endormie, mais elle est latente, attendant le moment opportun pour résonner, pour être exprimée, chantée ou dansée. Et c'est à travers l'amour que ce moment arrive. L'homme sans amour ne saura jamais quelle musique il portait dans son cœur. C'est uniquement par l'amour que cette musique commence à prendre vie, à s'éveiller, à passer du possible au réel.

L'amour déclenche le processus, c'est un catalyseur. Et si l'amour ne déclenche pas votre musique intérieure, alors il doit s'agir d'autre chose qui se fait passer pour l'amour; ce n'est pas l'amour. C'est peut-être le désir, c'est peut-être simplement la sexualité, la sensualité. La sexualité ou la sensualité sont tout à fait normales, le désir aussi. Je ne les condamne pas, car ils sont parfaits en soi, mais ils ne sont pas l'amour. Ils peuvent se faire passer pour l'amour et tromper quelqu'un qui les prendra pour cela.

Voici le critère qui permet de le reconnaître : si votre musique intérieure commence à monter, alors l'amour est là. Soudain, vous sentez une profonde harmonie vous submerger. Vous n'êtes plus désaccord, vous devenez accord. Vous n'êtes plus chaos, vous devenez cosmos; et la vie commence à prendre une nouvelle couleur, la couleur de la jubilation, la couleur d'un alléluia!

C'est le seul critère : continuez de chercher, continuez d'avancer toujours plus profondément dans l'amour et un jour, par hasard, vous entendrez votre musique intérieure. Après cela, votre vie ne sera plus jamais la même.

Après, en effet, votre vie commencera.

Qu'est-ce que l'amour?

Osho,
Qu'est-ce que l'amour? Pourquoi ai-je si peur de l'amour? Pourquoi l'amour laisse-t-il l'impression d'une douleur insupportable?

Vous demandez : «Qu'est-ce que l'amour?»

C'est l'envie profonde de ne faire qu'un avec le tout, l'envie profonde de fondre le «je» et le «vous» en une unité. C'est cela, l'amour, car nous sommes séparé de notre propre source et le désir de réintégrer le tout, de ne former qu'un avec lui provient de cette séparation.

Si vous le déterrez, si vous le déracinez, l'arbre éprouvera un désir intense d'être enraciné à nouveau dans le sol, car sa vie consiste vraiment en cela : il sera en train de mourir. L'arbre ne peut exister séparément. Il doit vivre dans la terre, avec la terre, par la terre. L'amour, c'est cela.

Votre ego a créé une barrière entre vous et votre terre – la totalité. L'homme étouffe, il ne peut respirer, il a perdu ses racines. Il ne reçoit plus de nourriture. L'amour est un désir de nourriture et consiste à développer des racines dans l'existence.

Le phénomène est facilité si vous allez vers l'autre extrême; c'est pourquoi l'homme est attiré par la femme et la femme par l'homme. L'homme peut trouver sa terre à travers la femme; il peut s'enraciner à nouveau par elle et la femme peut s'enraciner par l'intermédiaire de l'homme. Ils sont complémentaires. L'homme seul est une moitié qui a désespérément besoin d'être un tout. La femme seule est aussi une moitié. Lorsque ces deux moitiés se rencontrent, se mêlent et se fondent, l'individu se sent solide, enraciné pour la première fois, et une grande joie émerge dans son être profond.

Vous ne faites pas que prendre racine dans la femme, car à travers elle, vous prenez racine en Dieu. La femme et l'homme ne sont que des portes qui s'ouvrent sur Dieu. Le désir d'amour est le désir de Dieu; il en prouve réellement l'existence. Cela, vous pouvez le comprendre ou pas. Mais il n'y a pas d'autre preuve : Dieu est parce que l'homme aime. Dieu est parce que l'homme ne peut vivre sans amour.

Le désir d'amour ne fait que révéler que nous souffrons et mourons si nous sommes séparés. Ensemble, nous grandissons, nous sommes nourris, profondément satisfaits.

Vous demandez : «Qu'est-ce que l'amour? Pourquoi ai-je si peur de l'amour?»

L'amour fait peur, car dès que l'homme et la femme se pénètrent, ils perdent leur ego.

Voici ce qu'il faut comprendre : vous ne pouvez vous enraciner dans le tout que si vous vous perdez vous-même; c'est le seul moyen. Vous êtes attiré vers le tout parce que vous ne vous sentez pas nourri; mais au moment de vous fondre dans le tout, vous vous sentez pris de panique. La peur monte en vous parce que vous êtes en train de vous perdre et vous reculez. C'est le dilemme auquel chaque être humain doit faire face, qu'il doit affronter, traverser, comprendre et transcender.

Vous devez comprendre que la peur et le désir ont la *même* origine. Vous sentez qu'il serait merveilleux de disparaître; plus de soucis, plus d'angoisse, plus de responsabilités. Vous ferez partie du tout, comme les arbres et les étoiles. L'idée paraît tout simplement géniale! Elle ouvre des portes mystérieuses à l'intérieur de votre être et engendre la poésie. Elle est romantique. Mais lorsque vous allez de l'avant, la peur surgit : «je vais disparaître, mais qui sait ce qui arrivera ensuite?»

C'est comme une rivière atteignant le désert, écoutant son murmure... hésitant. Elle veut le dépasser et aller à la recherche de l'océan. Elle ressent un désir, Elle a une impression, une certitude, une conviction : «Ma destinée est d'aller plus loin.» Aucune explication tangible ne peut lui être fournie, mais elle a juste cette conviction intérieure : «Je ne m'arrêterai pas ici. Je dois partir à la recherche de quelque chose de plus grand.» Au fond d'elle, une voix se fait entendre : «Essaie, essaie de toutes tes forces et va au delà de ce désert.»

Le désert, à son tour, lui dit : «Écoute, le seul moyen de me traverser, c'est de t'évaporer dans le vent. Il te soulevera et t'emmènera de l'autre côté de moi.» La rivière veut atteindre le désert, mais une question tout à fait justifiée le taraude : «Qu'est-ce qui me prouve, me garantit que les vents me permettront de redevenir une rivière? Une fois évaporé, je perdrai tout contrôle. Alors, qu'est-ce qui me certifie que je redeviendrai la même rivière, que j'aurai la même forme, le même nom, le même corps? Et comment puis-je être certain qu'après m'être livré aux vents, il me permettront d'exister à nouveau en tant qu'entité séparée?» C'est cela, la peur de l'amour.

Vous êtes convaincu que sans l'amour, la joie n'existe pas; que sans l'amour, la vie n'existe pas; que sans l'amour, vous avez soif d'une chose que vous ne connaissez pas, vous vous sentez insatisfait. Vous vous sentez vide de sens comme un contenant sans contenu. Vous ressentez le manque, le vide, la tristesse de cet état. Et vous êtes persuadé qu'il existe des moyens de vous combler.

Mais lorsque vous vous approchez de l'amour, la peur surgit, les doutes apparaissent : «Si je me laisse aller, si j'embarque dans l'amour, serais-je jamais capable de faire marche arrière? Pourrais-je protéger mon identité, ma personnalité? Cela vaut-il la peine de courir un tel risque?» Et le mental décide alors de ne pas prendre ce risque, parce que *vous existez* – privé de nourriture, affamé, malheureux –, mais au moins *vous existez*. En disparaissant dans l'amour, qui sait...? Vous disparaîtrez, sans que personne ne puisse vous garantir que vous trouverez la félicité, Dieu?

Enfouie dans la terre, la graine éprouve la même peur lorsqu'elle est en train de mourir. La mort est là et la graine ne peut imaginer que la vie surgira de la mort.

L'amour fait danser votre vie !

La vie est une occasion en or : la terre où fleurissent les roses de l'amour.

L'amour est précieux en soi – il n'a pas de but précis, il n'a aucune ambition. Il est rempli d'importance, de joie, d'une extase qui lui est propre, mais ce ne sont pas des buts. L'amour n'est pas une entreprise dont les objectifs sont importants.

Dans l'amour, il y a toujours une part de folie.

En quoi consiste-t-elle? Cette folie existe parce que vous ne pouvez prouver pourquoi vous aimez. Vous ne pouvez trouver aucune explication raisonnable à votre amour. Au contraire, vous pouvez justifier votre travail en disant que vous avez besoin d'argent; vous avez besoin d'argent parce que vous avez besoin d'avoir une maison; il vous faut une maison, car comment pourriez-vous vivre sans toit?

Dans votre vie quotidienne, chaque chose a un but; mais l'amour, vous ne pouvez l'expliquer. Tout ce que vous pouvez dire, c'est : «Je ne sais pas. Je sais simplement qu'aimer, c'est explorer le plus merveilleux des espaces à l'intérieur de soi.» Mais ce n'est pas un but. Ce n'est pas un espace cérébral. Cet espace ne peut être converti en un objet d'utilité courante. Encore une fois, cet espace est un bouton de rose coiffé d'une goutte de rosée brillante comme une perle. Et dans la brise matinale, le bouton de rose danse légèrement au soleil.

L'amour fait danser votre vie.

Par conséquent, ceux qui ignorent ce qu'est l'amour sont passés à côté de la danse de la vie; ils ont laissé passer l'occasion de faire pousser des roses. C'est pourquoi la pensée matérialiste, la pensée calculatrice, la pensée informatique, le mathématicien, l'économiste, le politicien voient l'amour comme une forme de folie.

Mais pour ceux qui connaissent l'amour, il n'y a que l'amour qui soit sensé. Un homme peut avoir la richesse, la santé, la célébrité, mais s'il n'a pas l'amour, il ne peut être sain d'esprit, car il ignore tout des valeurs intrinsèques. La santé de l'esprit, c'est tout simplement le parfum des roses qui fleurissent dans votre cœur.

Les amoureux n'ont pas besoin de traitement psychiatrique. En fait, l'amour est la force de guérison par excellence. Ceux qui sont passés à côté restent vides, insatisfaits. La folie ordinaire est incohérente, mais la folie que l'on appelle l'amour est logique. En quoi consiste cette logique? Elle vous rend heureux, transforme votre vie en une chanson, vous donne sa grâce.

Avez-vous déjà observé les gens? Lorsque quelqu'un est amoureux, il n'a pas besoin de le crier sur tous les toits. Ses yeux ont une nouvelle profondeur et vous pouvez voir sur son visage une grâce, une beauté nouvelles. Vous pouvez le voir danser légèrement en marchant. Il est le même homme, tout en n'étant plus le même. L'amour est entré dans sa vie, le printemps a visité son être, les fleurs se sont épanouies dans son âme.

L'amour apporte des changements immédiats.

L'homme qui ne peut aimer ne peut pas non plus être beau, intelligent et gracieux. Sa vie sera tout simplement une tragédie.

Ceux qui enseignent la religion vous ont dit : «Votre vie est futile, car elle n'est que du vent. Aujourd'hui, vous vivez; demain, vous ne serez plus là. Votre vie en ce monde, dans ce corps, n'a aucune valeur parce qu'elle est passagère. Votre vie ne sert qu'un but : que vous puissiez y renoncer. Et en y renonçant, vous serez vertueux aux yeux de Dieu.»

Quelle curieuse idéologie! Pourtant, elle a dominé les mentalités pendant des siècles sans jamais être contestée. Le monde est illusoire, particulièrement pour les orientaux, parce qu'il est changeant; et tout ce qui change n'a aucune utilité, aucune valeur. Seul le permanent, ce qui demeure inchangé, est important. Et il n'existe rien dans le monde qui soit toujours pareil.

Toute cette approche est fondée sur l'importance particulière accordée au fait que le monde est une illusion parce qu'il est transitoire. «Cherchez le permanent et renoncez au transitoire.» C'est plus ou moins le point de vue de toutes les religions du monde.

Tout change, excepté le changement. À moins que vous n'acceptiez que le changement est Dieu, car il n'y a rien d'autre de permanent dans le monde. Vous pourrez chercher partout ailleurs, vous ne trouverez aucune trace d'un dieu permanent.

Aimez la vie *car* la vie est changeante. Elle est changement continuel, à chaque instant. Quand vous êtes entré dans cette salle, vous étiez une autre personne, que celle qui sortira tout à l'heure. Vous ne serez le même qu'en apparence.

Pendant ces deux heures, tant de choses changent en vous. Il en va de même pour le Gange qui a charrié une si grande quantité d'eau pendant ces deux heures : même s'il paraît le même, ce n'est plus la même eau.

Héraclite dit que la vie est un changement continuel, un fleuve. «N'oubliez pas que vous ne pouvez vous baigner dans le même fleuve deux fois, car il ne sera plus le même.»

Les gens qui en savent le plus sur le bonheur sont ceux qui vivent en harmonie avec la vie qui change, ceux qui aiment les bulles de savon qui créent de minuscules arcs-en-ciel en brillant au soleil. Ils savent mieux que quiconque ce qu'est le bonheur.

Vos saints ne connaissent que le malheur; il n'y a qu'à regarder leur visage. On dirait que la vie s'est retirée d'eux; ce sont de vieux fossiles. Rien ne change en eux; ils mènent une vie d'habitudes et condamnent tout changement.

Pourquoi condamne-t-on le plaisir? Parce qu'il est changeant. Pourquoi condamne-t-on l'amour? Parce qu'il est changeant. Pourquoi ces religions ont-elles remplacé l'amour par le mariage? Parce que le mariage se voit accorder tout au moins une permanence illusoire par les lois, les usages, la société, la peur de perdre le respect d'autrui, la peur de ce qui arrivera à nos enfants. Aussi ont-elles réussi à faire du mariage une chose permanente. C'est pourquoi toutes les anciennes religions s'opposent au divorce, car celui-ci met en évidence le caractère éphémère du mariage et démontre qu'il est sujet au changement.

Pendant des milliers d'années, il y a eu des mariages entre de jeunes enfants. On rapporte même que certains enfants ont été mariés avant leur naissance, dans le ventre de leur mère. Deux familles s'entendaient sur le fait que si l'un des enfants était un garçon et l'autre une fille, le mariage était conclu.

Encore aujourd'hui, en Inde, des enfants de sept ou huit ans sont mariés, même si cette pratique est illégale. Mais cela ne va pas contre la tradition. Pourquoi un tel empressement à marier des enfants qui ne savent même pas ce qui se passe ni ce que signifie le mariage? Parce que le mariage doit avoir lieu avant qu'ils ne deviennent de jeunes adultes et avant que l'amour ne s'éveille dans leur cœur. Ainsi, lorsque l'amour s'éveille dans leur cœur, ils ont déjà une épouse ou un époux. C'est pour détruire l'amour que les mariages d'enfants se sont répandus dans le monde entier.

Que le mariage crée plus de souffrance dans le monde que toute autre chose n'est pas une coïncidence, car il détruit la seule chance de bonheur, l'apparition de l'amour. Le cœur ne danse jamais et les gens vivent et meurent sans connaître l'amour...

Contempler les bulles de savon, les papillons, les roses en bouton bercées par le vent, cela émeut jusqu'aux larmes, cela fait chanter. Ce sont des larmes de joie, parce que la vie est si vibrante qu'elle ne peut être permanente. Seules les choses mortes peuvent être permanentes. Votre dieu peut-il danser? Votre dieu peut-il aimer? Votre dieu peut-il chanter? Votre dieu peut-il courir après les papillons? Votre dieu peut-il cueillir des fleurs sauvages, les larmes aux yeux, une chanson sur les lèvres? Alors ce dieu représente vraiment la vie, car ce dieu n'est rien d'autre que la vie elle-même.

Les quatre étapes qui mènent à l'amour

L'amour est la rencontre orgastique de la vie et de la mort. Si vous n'avez pas connu l'amour, vous êtes passé à côté de la vie. Vous êtes né, vous avez vécu et vous êtes mort; vous êtes passé à côté de la vie. Vous êtes totalement, absolument, complètement passé à côté; vous avez raté l'espace entre la vie et la mort. Et cet intervalle est le sommet le plus élevé, l'expérience ultime.

Pour atteindre l'amour, il faut franchir quatre étapes.

Voici la première : soyez ici, maintenant, car l'amour n'est possible que dans l'instant présent. Vous ne pouvez aimer au passé. Plusieurs personnes ne vivent que dans le souvenir qu'ils ont aimé, autrefois. D'autres aiment au futur, ce qui est également impossible. Le passé et l'avenir sont des façons d'éviter l'amour. Vous aimez au passé ou au futur, alors que l'amour n'est possible qu'au présent, car c'est uniquement à ce moment précis que la mort et la vie se rencontrent... dans ce mystérieux espace en vous. Cet intervalle secret est toujours, toujours, toujours présent. Il n'est jamais passé et jamais à venir.

Si vous pensez trop – et la pensée appartient toujours au passé ou à l'avenir – vos énergies se détourneront de l'émotion. L'émotion est ici, maintenant. Si vos énergies passent dans vos schèmes de pensée, alors elles ne seront plus assez fortes pour habiter vos émotions et l'amour deviendra impossible.

Par conséquent, la première étape consiste à être ici, maintenant. L'avenir et le passé engendrent la pensée et la pensée détruit l'émotion. Celui qui est trop obsédé par la pensée oublie peu à peu qu'il a aussi un cœur.

L'homme qui vit trop dans la pensée se met peu à peu à adopter un comportement qui ne laisse aucune place à l'émotion. Il est sourd à l'émotion et celle-ci commence peu à peu à se détacher de lui. Des millions de personnes vivent dans cet état sans savoir qu'elles ont un cœur. Elles croient que le cœur n'est qu'une pompe. Elles sont entièrement dans leur tête. La tête est une extrémité; elle est nécessaire, est un excellent instrument, mais doit être utilisée comme un esclave. Elle ne devrait pas diriger, car dès que la tête se met à diriger et que le cœur est mis à l'écart, vous vivez et vous mourrez, mais vous ne connaissez pas Dieu, car vous ignorez ce qu'est l'amour.

À première vue, cet intervalle secret ressemble à l'amour... et quand vous vous perdez totalement en lui, il devient Dieu. L'amour est le commencement de Dieu – Dieu, le sommet ultime de l'amour.

La deuxième étape vers l'amour consiste à apprendre à changer vos poisons en miel... Bien des gens aiment, mais leur amour est fortement contaminé par des poisons – la haine, la jalousie, la colère, la possessivité. Mille et un poisons encerclent votre amour. L'amour est une chose délicate. Alors, comment l'amour pourrait-il survivre entouré de colère, de haine, de jalousie et de possessivité?

D'abord, les gens s'installent dans leur tête et oublient leur cœur; c'est le cas d'une grande majorité d'entre nous. Ensuite, une minorité de personnes vivent encore un peu dans leur cœur, mais agissent mal : la petite flamme de l'amour est cernée par la jalousie, la haine, la colère, par mille et un poisons. Toute l'aventure prend alors un goût amer. L'amour est une échelle entre le ciel et la terre, mais une échelle va toujours dans les deux sens : on peut la monter ou la descendre. En présence de poisons, l'échelle vous mènera vers le bas – vous irez en enfer et non au ciel. Au lieu de devenir une mélodie, votre vie se transformera en une horrible cacophonie – un concert de sons discordants, un vacarme assourdissant; rien qu'un bruit exaspérant – un amalgame de sons criards. Vous serez au bord de la folie.

Donc, ce qui importe en second lieu, c'est d'apprendre à transformer ses poisons en miel. Comment faire? Il existe un procédé très simple. En fait, il est faux de dire qu'il s'agit d'une transformation, car on ne fait rien de particulier; il faut simplement être patient. Je vous révèle ici l'un des plus grands secrets. Essayez-le. Lorsque la colère monte, ne faites rien : asseyez-vous simplement et observez-la. Ne soyez ni pour ni contre elle. Ne coopérez pas avec elle, mais ne la réprimez pas. Contentez-vous de l'observer, d'être patient, de regarder simplement ce qui arrive... Laissez-la monter.

N'oubliez pas une chose importante : n'agissez jamais sous l'emprise du poison; attendez, tout simplement que le poison commence à se transformer en son contraire... C'est l'une des lois fondamentales de la vie : tout change continuellement en son contraire. Ainsi que je vous l'ai dit, tout comme l'homme devient femme et la femme devient homme, il se produit des changements périodiques en vous – l'homme bon devient mauvais, l'homme mauvais devient bon, le saint devient pécheur à ses heures et le pécheur a des moments de sainteté. Il suffit d'attendre.

N'agissez pas lorsque la colère est à son apogée, car vous le regretterez; vous créerez une réaction en chaîne et serez assujetti au karma. Si vous agissez lorsque vous traversez un moment de négativité, vous entrerez dans la chaîne et cela ne finira plus. Quand vous agissez dans un état de négativité, l'autre devient négatif et est prêt à réagir – la négativité crée encore plus de négativité. La négativité appelle la négativité, la colère appelle la colère, l'hostilité appelle l'hostilité; cela n'a plus de fin. Les gens se sont battus pendant des *existences* entières. Et ils continuent!

Attendez. Quand vous êtes en colère, c'est le moment de méditer. Ne gâchez pas cette occasion. La colère crée une telle énergie en vous qu'elle est capable de détruire. Mais l'énergie est neutre : la même énergie qui peut détruire peut aussi créer. Attendez. La même énergie qui peut anéantir peut également répandre la vie; attendez, tout simplement. Ainsi, en évitant d'agir à la hâte, vous serez surpris de constater un jour le changement qui s'est opéré en vous. Vous êtes furieux, la colère monte, monte, atteint un sommet... et puis la roue tourne. Vous pouvez constater que la roue est en train de tourner, que la colère se relâche, que l'énergie se libère et vous voilà dans une humeur positive – une humeur créatrice. À présent, vous pouvez agir. Agissez maintenant.

Attendez toujours d'être positif.

Je ne parle pas ici de répression. Car je ne dis pas de réprimer le négatif. Je dis : «Observez le négatif.» N'oubliez pas la différence immense que cela suppose. Je ne vous dis pas de vous asseoir sur le négatif, de l'oublier, d'agir contre lui; non. Je ne vous dis pas non plus de sourire quand vous êtes en colère, car ce sourire serait faux, laid, hypocrite. Ne souriez pas lorsque vous êtes en colère. Fermez la porte de votre chambre, placez-vous devant un miroir et regardez votre propre visage en colère. Personne d'autre ne doit le voir. Cela vous regarde, c'est votre énergie, c'est votre vie et vous devez attendre le bon moment pour réagir. Continuez de vous regarder dans le miroir, voyez votre visage rouge, vos yeux injectés de sang, le meurtrier qui se trouve en face de vous.

Avez-vous déjà songé que chacun portait en soi un meurtrier? Vous aussi le portez. Ne croyez pas que les meurtriers sont ailleurs, que ce sont d'autres personnes qui commettent des meurtres. Non, car la possibilité de commettre un meurtre existe en chacun de nous. Vous portez en vous l'instinct suicidaire.

Regardez simplement dans le miroir : ce que vous y voyez sont vos émotions et vous devez vous familiariser avec elles. Cela fait partie de l'apprentissage de la connaissance de soi.

Vous avez souvent entendu ces paroles de Socrate «Connais-toi toi-même.» Regarder est le seul moyen de vous connaître vous-même. «Connais-toi toi-même» ne signifie pas s'asseoir en silence et répéter : «Je suis Brahma, je suis l'Âme, je suis Dieu, je suis Ceci»; tout cela est absurde. «Connais-toi toi-même» signifie connaître tous ses états d'âme, toutes ses possibilités – le meurtrier, le pécheur, le criminel, le saint, le saint homme en vous, la vertu, le divin, le démon. Apprenez à connaître tous vos états d'âmes, toute la gamme de vos émotions, et ce faisant, vous découvrirez des secrets, des clés.

Vous verrez que la colère ne peut durer éternellement (ou bien le peut-elle?) Vous n'avez pas essayé. Essayez-le – elle ne peut être éternelle. Qu'arrivera-t-il si vous ne faites rien? La colère peut-elle durer à jamais? Rien n'est éternel.

Le bonheur passe, le malheur passe. Ne distinguez-vous pas une loi élémentaire? Que tout change, que rien n'est permanent. Pourquoi alors se presser? Si la colère vient, elle s'en ira. Vous n'avez qu'à attendre, qu'à faire preuve d'un peu de patience. Regardez simplement dans le miroir et attendez. Laissez un espace à la colère, laissez votre visage s'enlaidir, prenez un air meurtrier, mais attendez, observez.

En ne réprimant pas la colère et en n'agissant pas sous son emprise, vous verrez bientôt votre visage s'adoucir, votre regard s'apaiser. L'énergie est en train de changer – le mâle devient femelle – et vous serez bientôt rayonnant. La rougeur particulière à la colère se transforme à présent en un certain rayonnement – un éclat sur votre visage, dans vos yeux. À présent, vous pouvez sortir de votre chambre : c'est le moment d'agir.

Agissez lorsque vous êtes positif. Ne forcez pas la positivité, attendez qu'elle se manifeste d'elle-même. C'est ça le secret. C'est ce que je veux dire par : «Apprenez à transformer vos poisons en miel.»

En troisième lieu, le partage. Gardez pour vous les choses négatives et partagez le positif. D'habitude, les gens partagent les événements négatifs, mais pas ce qu'ils ont de positif. L'humanité est tout bonnement stupide : nous ne partageons pas notre bonheur dont nous sommes vraiment avares. Par contre nous sommes très enclins à partager nos malheurs. Quand les gens sourient, ils le font avec économie, pas davantage. Mais lorsqu'ils sont en colère, ils s'emportent totalement. La troisième étape consiste à partager les choses positives. Cela fera affluer l'amour vers vous, à partir de votre cœur. Le dilemme du cœur commencera à s'estomper lorsque vous partagerez.

J'ai lu une maxime très étrange de Jorge Luis Borges. La voici :

Donnez les choses saintes aux chiens,

jetez vos perles aux pourceaux,

car ce qui compte, c'est de donner.

Vous avez toujours entendu le contraire : Ne donnez pas les choses saintes aux chiens, ne jetez pas vos perles aux pourceaux, car ils ne comprendront pas.

L'important n'est pas *ce* que vous donnez – les perles, les choses saintes, l'amour – ni *à qui* vous donnez; là n'est pas la question. Ce qui importe, c'est que vous donniez. Lorsque vous possédez, donnez.

Gurdjieff avait coutume de dire : «Tout ce que j'ai amassé, je l'ai perdu, et tout ce que j'ai donné, je l'ai. Tout ce que j'ai donné, je l'ai encore, et tout ce que j'ai amassé est parti, s'est envolé.» En vérité, vous ne possédez que ce que vous avez partagé. L'amour n'est pas un bien que l'on accumule. Il est un éclat, un parfum à partager. Plus vous partagez, plus vous êtes riche; moins vous partagez, moins vous êtes riche. Plus vous partagerez, plus l'abondance affluera de votre être profond (et elle est infinie), plus elle jaillira. Puisez de l'eau au puits et l'eau fraîche affluera. Ne tirez pas d'eau, condamnez le puits, soyez malheureux et la source se tarira. La source mourra peu à peu, s'obstruera et l'eau du puits deviendra sale, stagnante. L'eau qui circule est pure... l'amour qui circule est pur.

Par conséquent, la troisième étape vers l'amour consiste à partager les choses positives, votre vie, tout ce que vous possédez. Ne conservez jamais ce que vous avez de beau. Partagez votre sagesse; partagez votre prière; partagez votre amour, votre bonheur, votre félicité. Et si vous ne pouvez trouver personne avec qui partager, partagez avec les chiens. Partagez avec les pierres, mais partagez. Si vous avez des perles, jetez-les sans vous inquiéter de savoir si ce sont des pourceaux ou des saints qui les ramasseront, jetez-les tout bonnement. *Car l'important, c'est de donner.*

L'accumulation empoisonne le cœur. Toute accumulation est toxique. Si vous partagez, il n'y aura aucun poison dans votre organisme. Et quand vous partagez, ne vous inquiétez pas de savoir s'il y aura ou non une réponse. N'attendez même pas un remerciement. Éprouvez de la gratitude envers la personne qui vous a permis de partager avec elle. N'agissez pas autrement. N'attendez rien en retour en vous disant qu'elle devrait vous être reconnaissante d'avoir partagé quelque chose avec elle. Non. Estimez-vous heureux qu'elle ait été prête à vous écouter, à partager une énergie avec vous, à écouter votre chant, à regarder votre danse; lorsque vous vous êtes approché d'elle pour donner, elle ne vous a pas rejeté alors qu'elle aurait pu le faire...

Le partage est l'une des vertus les plus spirituelles, des grandes vertus spirituelles.

Et quatrièmement : ne soyez rien. Lorsque que vous commencez à croire que vous êtes quelqu'un, arrêtez cela immédiatement, car ce sentiment empêche l'amour de circuler. L'amour ne jaillit que de celui qui n'est rien. L'amour n'habite que le vide.

Quand vous êtes vide, l'amour est là.

Quand l'ego prend toute la place, l'amour disparaît.

L'amour et l'ego ne peuvent coexister.

L'amour peut coexister avec Dieu, non avec l'ego, car Dieu et l'amour sont synonymes. L'amour et l'ego ne vont absolument pas de pair. Alors ne soyez rien. Le rien est la source du tout, le rien est la source de l'infini... le rien est Dieu. Le rien signifie *nirvana*.

Ne soyez rien, et n'étant rien, vous aurez atteint le tout. En étant quelque chose, vous passerez à côté; en n'étant rien, vous toucherez au but.

Le ciment de l'amour

Un homme s'affairait à cimenter une allée. Aussitôt qu'il eut le dos tourné, un groupe d'enfants arrivèrent en courant et laissèrent des traces de pas sur toute la surface qui était en train de durcir. Un voisin qui l'entendit jurer lui fit alors ce reproche : «Je croyais que vous aimiez les enfants, Georges.»

«Oui, bien sûr, répondit-il, mais mon amour n'est pas en béton...»

Il est très facile d'aimer les gens dans l'abstrait, et c'est dans la pratique que surgissent les vraies difficultés. Rappelez-vous que si vous n'aimez pas les êtres humains – les êtres humains réels, en chair et en os –, votre amour pour les fleurs, pour les oiseaux n'est rien d'autre que paroles creuses, hypocrisie.

Ce n'est que lorsque vous serez capable d'aimer les êtres humains que vous atteindrez ce niveau de conscience où vous pouvez aimer les oiseaux, les fleuves et les montagnes; mais cette étape ne vient que plus tard. Si vous êtes incapable de comprendre une réalité qui vous est si proche, comment pourriez-vous percer une réalité plus éloignée?

Comment pourriez-vous communier avec une pierre puisque vous n'avez pas de langage commun? Ou vous devez devenir pierre, ou la pierre doit devenir être humain. Sinon, la distance entre vous est trop vaste, infranchissable... Franchissez-la d'abord avec les gens.

Je sais qu'il est possible d'aimer un arbre, mais seulement après avoir aimé les êtres humains si profondément et si totalement qu'on a découvert les arbres, les animaux, les oiseaux dans chacun d'eux, car l'être humain a été tous ces êtres et en garde encore les traces dans son inconscient ou dans l'inconscient collectif. Vous avez déjà été un arbre, un oiseau, un animal, une pierre. Vous avez été toutes les choses, un million de choses et vous portez encore en vous toutes ces expériences. La seule façon de communiquer avec un arbre est d'entrer d'abord en contact avec l'arbre qui est à l'intérieur de chaque être humain.

Tombez amoureux des êtres humains. Courez le risque, soyez courageux.

Endurez les douleurs et les extases de l'amour. Étudiez à fond les êtres humains et vous découvrirez bientôt qu'aucun d'eux n'est seulement un être humain; un être humain est un être humain plus l'existence tout entière, car l'être humain est le summum de l'évolution. Tout ce que l'homme a été dans le passé est encore là, en couches superposées.

Avez-vous déjà eu parfois cette impression devant une femme... qu'elle a quelque chose de félin? Avez-vous déjà plongé dans les yeux d'une femme et senti soudain en elle la présence du chat? Aucune femme ne peut être une femme sans être un chat. Et vous découvrirez la chienne également. Dans le cas d'un homme, vous découvrirez le loup.

Au cours de son évolution, l'homme est passé par tout ce qui existe. C'est exactement comme lorsque vous êtes passé de l'enfance à l'âge adulte : croyez-vous que votre enfance a complètement disparu?

Vous n'êtes peut-être plus très jeune, mais votre jeunesse a-t-elle simplement disparu sans laisser de trace? Elle est là, mais une autre couche s'est superposée. Si vous coupez un arbre, vous pourrez déterminer son âge grâce aux cercles concentriques qui apparaissent dans le bois. S'il a soixante ans, il y aura soixante cercles, car chaque année, une nouvelle couche se forme sous l'écorce. Si vous fendez une pierre, vous découvrirez des strates. Si vous pénétrez profondément les êtres humains, vous trouverez des couches superposées, comme pour les arbres et les pierres. Plus vous irez en profondeur, plus vous observerez des phénomènes étranges. Si vous pouvez vous abandonner totalement en faisant l'amour à une femme, vous ferez aussi l'amour aux animaux, aux arbres, aux pierres, à l'existence elle-même.

Chaque individu est un univers en miniature. Un microcosme renferme tout; il contient le tout, le macrocosme. Vous ne pouvez donc pas ignorer les êtres humains. Vous ne pouvez pas dire : «J'aimerai les arbres, mais pas les êtres humains.» Vos arbres seront faux, car vous ne les aurez pas abordés correctement. Il faut d'abord les découvrir et les aimer dans les êtres humains. Ce n'est qu'alors que vous connaîtrez leur langage.

L'amour
est une fleur délicate

Osho,
Pourquoi sommes-nous aussi incapables d'aimer?

Il y a en chaque nouveau-né tout l'amour qu'un être humain peut contenir, un amour débordant. Le nouveau-né est amour; l'enfant est fait du matériau que l'on appelle l'amour. Mais les parents sont incapables de donner de l'amour. Ils ont leur propre vécu – leurs parents ne les ont jamais aimés. Les parents ne peuvent que faire semblant. Il est possible qu'ils parlent de l'amour. Ils diront peut-être : «Nous t'aimons beaucoup», mais tout ce qu'ils font, ils le font sans amour. Leur façon d'agir avec l'enfant, leur façon de le traiter est très insultante; il n'ont aucun respect. Aucun parent ne respecte son enfant. Qui songe jamais à respecter un enfant? L'enfant n'est absolument pas considéré comme une personne, mais comme un problème. S'il se tient tranquille, il est gentil; s'il n'est pas braillard, un adepte du cri primal, c'est bien; s'il ne court pas dans les jambes de ses parents, c'est parfait. C'est ainsi qu'un enfant doit être.

Mais il n'y a ni respect ni amour. Les parents n'ont pas connu l'amour. La mère n'a pas aimé le mari, l'époux n'a pas aimé l'épouse. Il n'y a aucun amour. Il y a de la domination, de la possessivité, de la jalousie et tous les poisons qui détruisent l'amour.

L'amour est une fleur délicate. Elle doit être protégée, soutenue, arrosée, ce n'est qu'alors qu'elle acquerra la force. L'amour de l'enfant est très fragile – naturellement – parce que l'enfant est fragile, son corps est fragile. Croyez-vous qu'un enfant laissé à lui-même pourrait survivre? Il n'y a qu'à voir comme l'homme est sans défense. Si un enfant est laissé à lui-même, il est presque impossible qu'il survive. Il mourra. Et c'est ce qui arrive à l'amour, s'il est laissé à lui-même. Les parents sont incapables d'aimer parce qu'ils ignorent ce qu'est l'amour, parce qu'ils n'ont jamais fleuri à l'amour. Souvenez-vous de vos propres parents. Et n'oubliez pas que je ne dis pas qu'ils sont coupables. Ils sont des victimes, tout comme vous. Et il en était de même pour leurs parents. Et vous pouvez remonter ainsi... jusqu'à Adam et Ève, jusqu'à Dieu le Père.

Il semble que même Dieu le Père n'ait pas eu beaucoup de respect pour Adam et Ève, qu'il ne les a pas respectés suffisamment. C'est pourquoi il s'est mis dès le début à leur donner des ordres : «Faites ceci» et «Ne faites pas cela», et il s'est mis à faire les bêtises que tous les parents font. «Ne mange pas le fruit de cet arbre», et quand Adam eut mangé le fruit, Dieu le Père entra dans une telle colère qu'il chassa Adam et Ève du paradis.

Cette expulsion court toujours; chaque parent menace l'enfant de le chasser, de le jeter dehors. «Si tu n'écoutes pas, si tu n'agis pas correctement, tu seras chassé.» Et naturellement, l'enfant a peur. Chassé? Dans la jungle de la vie? Il commence à faire des compromis et devient peu à peu hypocrite et manipulateur.

Il n'a pas envie de sourire, mais si sa mère approche et qu'il veut du lait, il sourit. En fait, il s'agit de politique, car c'est le début, l'ABC de la politique. Au fond de lui-même, il se met à ressentir de la haine parce qu'il n'est pas respecté et de la frustration parce qu'on ne l'aime pas comme il est. On s'attend à ce qu'il fasse certaines choses et ce n'est qu'à cette condition qu'il sera aimé. L'amour qu'on lui porte est donc conditionnel et il ne mérite pas d'être aimé tel qu'il est. Il doit tout d'abord mériter l'amour pour l'obtenir de ses parents.

Donc, pour mériter l'amour, il devient hypocrite et perd sa valeur intrinsèque. Peu à peu, l'enfant perd le respect de lui-même et commence à se sentir méprisable. Il se demande souvent : «Est-ce que ce sont mes vrais parents? Est-il possible qu'ils m'aient adopté? Peut-être font-ils semblant, on dirait qu'ils ne m'aiment pas.» Il a vu mille et une fois dans leurs yeux la colère, qui enlaidit leur visage, et pour des choses si insignifiantes qu'il ne voit pas de commune mesure entre les deux. Il voit ses parents se mettre en colère pour des détails et a du mal à admettre cela. C'est si injuste, si immérité. Mais il doit se soumettre, se plier, accepter par la force des choses. Peu à peu, on tue sa capacité d'aimer.

L'amour ne se développe que dans l'amour. L'amour a besoin de baigner dans l'amour – c'est ce qu'il y a de plus important à retenir. L'amour ne grandit que dans une atmosphère d'amour. Il a besoin d'être entouré de la même vibration. Si la mère est aimante, si le père est aimant, non seulement envers l'enfant, mais également entre eux, s'il y a une atmosphère d'amour à la maison, si l'amour y circule, l'enfant commencera à fonctionner comme un être d'amour et ne se demandera jamais : «Qu'est-ce que l'amour?» Il le saura depuis le début et l'amour deviendra son point d'appui.

Mais cela ne se passe pas ainsi. C'est malheureux, mais cela ne s'est jamais passé ainsi jusqu'à présent. Vous apprenez le comportement de vos parents : leurs remarques continuelles, leurs conflits. Prenez simplement le temps de vous observer. Si vous êtes une femme, observez-vous.

Vous êtes peut-être en train de reproduire presque exactement le comportement habituel de votre mère. Observez-vous lorsque vous êtes avec votre ami ou votre mari : que faites-vous? N'êtes-vous pas en train de reproduire son comportement? Si vous êtes un homme, observez-vous! Que faites-vous?

N'agissez-vous pas comme votre père? Ne faites-vous pas les mêmes sottises qu'il avait coutume de faire? Vous avez été si surpris un jour : «Comment papa peut-il faire ça?» et vous refaites exactement la même chose. Les gens n'arrêtent pas de reproduire, d'imiter; l'homme est un singe. Vous êtes en train d'imiter votre père ou votre mère, et il faut que cela cesse.

Alors seulement vous saurez ce qu'est l'amour, sinon vous resterez corrompu.

Je ne peux définir l'amour parce qu'il n'en existe aucune définition. C'est l'une de ces choses indéfinissables, comme la naissance, la mort, Dieu, la méditation. Il fait partie de ces choses que l'on ne peut définir.

La première chose à faire, c'est de vous libérer de vos parents. Et en disant cela, je ne parle pas de leur manquer de respect. Je serai la dernière personne à dire une telle chose. Et je ne dis pas de vous libérer de vos parents physiques, mais de vos voix parentales intérieures, de votre programme intérieur, de vos enregistrements internes. Effacez-les... et vous serez tout simplement surpris de constater qu'en libérant votre être intérieur de vos parents, vous serez libre. Pour la première fois, vous pourrez éprouver de la compassion envers eux; ce qui était jusque-là impossible, car vous gardiez du ressentiment. Chaque personne nourrit du ressentiment à l'égard de ses parents.

Comment ne pas éprouver du ressentiment alors qu'ils vous ont fait tant de mal, même inconsciemment? Ils ne vous voulaient que du bien, ils voulaient faire tout ce qui était possible pour votre bien-être. Mais que pouvaient-ils faire? Un simple souhait n'accomplit rien; les vœux pieux ne réalisent rien. Ils étaient bien intentionnés, c'est vrai. On ne peut d'ailleurs douter du fait que tout parent souhaite que son enfant connaisse toutes les joies de l'existence. Mais que pourraient-ils faire n'ayant connu aucune joie eux-mêmes? Il ne s'agit pas de robots et consciemment ou inconsciemment, qu'ils le veuillent ou non, ils créeront une atmosphère dans laquelle l'enfant que vous étiez s'est transformé en un robot.

Si vous voulez devenir un homme et non une machine, libérez-vous de vos parents. Il faudra que vous observiez. C'est un travail difficile, ardu que vous ne pourrez réussir immédiatement. Vous devrez être très attentif à votre conduite. Prenez conscience de la présence de votre mère agissant à travers vous et mettez un terme à cela, dépassez cela. Faites quelque chose de totalement nouveau que votre mère n'aurait même pas imaginé vous voir accomplir.

Prenez cette situation : votre amoureux est en train d'admirer une autre femme. Observez votre réaction. Agissez-vous comme votre mère l'aurait fait si votre père avait jeté un regard admiratif sur une autre femme? Si c'est le cas, vous ne saurez jamais ce qu'est l'amour, car vous ne ferez que répéter inlassablement la même histoire. Il s'agira de la même pièce interprétée par des acteurs différents; c'est tout. La même pièce médiocre que l'on rejoue encore, encore et encore. Ne soyez pas un imitateur, tournez le dos à tout cela. Innovez, faites ce que votre mère n'aurait pu imaginer. Innovez, faites ce que votre père n'aurait pu concevoir.

Vous devez nourrir votre être de cette nouveauté; alors votre amour commencera à circuler.

Donc, la première chose indispensable, c'est de vous libérer de vos parents. La seconde, c'est... Les gens pensent qu'ils ne peuvent aimer avant d'avoir trouvé une personne qui en vaut la peine. C'est de la foutaise! Ils n'en trouveront aucune. ils croient qu'ils ne pourront être amoureux avant d'avoir trouvé la femme parfaite ou l'homme parfait. C'est idiot! ils ne les trouveront jamais, parce que l'homme parfait et la femme parfaite n'existent pas. Et s'ils existent, ils ne s'intéresseront pas à votre amour.

J'ai entendu parler d'un homme qui était resté célibataire toute sa vie parce qu'il était à la recherche de la femme parfaite. Quand il eut soixante-dix ans, quelqu'un lui demanda : «Tu as voyagé à travers tout l'Orient. De Kabal à Khatmandou, de Khatmandou à Goa, de Goa à Poona, tu as cherché partout. Et tu n'as trouvé aucune femme parfaite? Pas une seule?»

Le vieil homme devint très triste et dit : «Si, un jour, j'en ai rencontré une; un jour, j'ai rencontré une femme parfaite.» L'autre lui demanda alors : «Qu'est-il donc arrivé? Pourquoi ne l'as-tu pas épousée?»

Il s'attrista davantage et répondit : «Que pouvais-je faire? Elle cherchait un homme parfait.»

Il n'est pas nécessaire d'être parfait pour avancer et grandir dans l'amour. L'amour n'a rien à voir avec l'autre personne. La personne aimante aime, tout simplement, exactement comme la personne vivante respire et boit, mange et dort. Tout comme la personne vraiment vivante vit, la personne aimante aime. Vous ne dites pas : «Je ne respirerai pas à moins que l'air ne soit parfait, non pollué.» Vous n'arrêtez pas de respirer, même à Los Angeles; vous n'arrêtez pas de respirer à Bombay. Vous continuez à respirer partout où l'air est pollué, empoisonné. Vous continuez à respirer. Car vous ne pouvez pas vous permettre d'arrêter de respirer simplement parce que l'air n'est pas comme il devrait être. Si vous êtes affamé, vous mangez quelque chose, peu importe ce que c'est.

Dans le désert, si vous êtes en train de mourir de soif, vous boirez n'importe quoi. Vous n'exigerez pas un Coca-Cola; n'importe quelle boisson fera l'affaire, n'importe laquelle, même de l'eau sale.

L'homme qui est en vie aime, tout simplement, car l'amour est une fonction normale.

Voici donc la deuxième chose à retenir : ne demandez pas la perfection, car aucun amour ne circulera en vous. Bien au contraire, vous deviendrez de glace. Les gens qui exigent la perfection sont des gens peu aimants, névrosés. Et même s'ils arrivent à s'attacher une personne, ils exigent la perfection et l'amour est détruit.

Dès qu'un homme aime une femme, qu'une femme aime un homme, l'un et l'autre posent immédiatement leurs exigences. La femme commence à exiger que l'homme soit parfait, simplement parce qu'elle l'aime. Comme s'il avait commis un péché! Dès lors, il doit être parfait, oublier ses limites d'un seul coup. Dès lors, il ne peut plus être humain et n'a d'autre choix que celui de devenir un surhomme ou être hypocrite, menteur et imposteur. Naturellement, comme il est très difficile de devenir un surhomme, les gens deviennent des tricheurs. Ils se mettent à faire semblant, à jouer la comédie, à mentir et font marcher les autres au nom de l'amour.

N'oubliez pas que vous ne devez jamais exiger la perfection. Vous n'avez aucun droit d'exiger quoi que ce soit de quiconque. Si quelqu'un vous aime, soyez reconnaissant, mais n'exigez rien, car rien ne l'oblige à vous aimer. Si quelqu'un vous aime, c'est un miracle. Réjouissez-vous-en.

Hélas, les gens ne se réjouissent pas. Ils détruisent toute possibilité d'amour par de petits détails. Ils ne se préoccupent guère de l'amour et de la joie d'aimer et s'intéressent davantage à d'autres satisfactions égoïstes. Intéressez-vous à la joie. Tout le reste n'est pas essentiel.

Aimez comme vous respirez, afin que l'amour soit une fonction naturelle. Et lorsque vous aimez, ne commencez pas à exiger, car en agissant ainsi, vous fermez les portes dès le départ. N'attendez rien. Si quelque chose se produit, soyez reconnaissant. Si rien ne se présente, c'est qu'il ne s'agit pas d'une nécessité. Vous ne pouvez l'attendre.

Regardez les gens, voyez comme ils se tiennent mutuellement pour acquis. Si votre femme vous prépare un repas, vous ne la remerciez jamais. Je ne dis pas que vous devez la remercier en paroles, mais cela doit se voir dans vos yeux. Mais vous ne vous en faites pas, car vous considérez cela comme une chose normale; c'est sa tâche. Qui vous a dit une chose pareille? Si votre mari va travailler pour vous, vous ne le remerciez jamais. Vous n'éprouvez aucune gratitude, car c'est le rôle de l'homme. C'est en tout cas ce que vous croyez. Comment l'amour peut-il alors se développer? L'amour a besoin d'un climat d'amour, de gratitude, de reconnaissance. L'amour a besoin d'une atmosphère de tolérance, dénuée de toute attente. C'est la seconde chose à retenir.

Et voici la troisième : au lieu de songer à la façon d'obtenir l'amour, commencez par en donner. C'est en donnant que vous recevrez : c'est la seule façon. Les gens s'intéressent davantage à la façon de prendre, d'obtenir. Tout le monde s'obstine à obtenir et personne ne semble trouver du plaisir à donner. Les gens donnent à contrecœur et quand ils le font, c'est uniquement pour obtenir quelque chose en retour; ils agissent presque en hommes d'affaires. C'est du marchandage. Ils observent constamment pour obtenir plus qu'ils ne donnent, afin de conclure une bonne affaire, une affaire profitable. Et leur partenaire font la même chose.

L'amour n'est pas une entreprise, donc cessez de vous conduire en homme d'affaires. Sinon, vous passerez à côté de votre vie, de l'amour et de toute la beauté qu'ils recèlent, car tout ce qui est beau n'a rien de commun avec les affaires. Les affaires sont les choses les plus laides au monde; elles sont un mal nécessaire. La vie n'a rien à voir avec les affaires; les arbres fleurissent et n'en font pas un commerce, les étoiles brillent et elles n'en font aucun marchandage; vous n'êtes pas obligé de payer pour cela et personne n'exige rien de vous. Quand un oiseau vient à votre porte et se met à chanter, il ne vous demande pas de lui décerner un certificat ou quelque chose du genre. Il a exécuté son chant et il s'envole ensuite joyeusement, sans laisser de trace. C'est ainsi que l'amour grandit. Donnez sans attendre de voir combien vous pouvez empocher.

L'amour naît naturellement, de lui-même. Il n'est pas nécessaire de l'exiger. Lorsque vous avez des exigences, il ne vient jamais, vous le tuez. Alors donnez. Commencez à donner. Au début, ce sera difficile, parce qu'on vous a appris pendant toute votre vie non pas à donner, mais à obtenir. Au début, vous devrez vous battre contre votre propre armure. Vos muscles se sont durcis, votre cœur s'est glacé, vous êtes devenu insensible. Ce sera difficile, mais chaque étape mènera à l'étape suivante et, peu à peu, la rivière se mettra à couler.

Commencez tout d'abord à vous libérer de vos parents. En vous délivrant de vos parents, vous vous libèrez de la société, vous vous libèrez de la civilisation, de l'éducation, de tout, car c'est ce que vos parents représentent. Vous deviendrez individuel. Pour la première fois, vous ne ferez plus partie de la masse, mais serez véritablement individuel; vous volerez de vos propres ailes. Voilà en quoi consiste la croissance. Voilà ce que devrait être une personne adulte : une personne qui n'a pas besoin de parents. Un adulte est un être heureux dans sa solitude – sa solitude est un chant, une célébration. Un adulte peut demeurer seul avec lui-même et être heureux. Sa solitude n'est pas de l'esseulement, sa vie en solitaire est solitude, elle est méditation.

Un adulte est complètement libéré de l'influence parentale. Et ce qu'il y a de merveilleux, c'est que seule une telle personne éprouve de la reconnaissance envers ses parents.

Paradoxalement, seule une telle personne peut pardonner à ses parents. Elle ressent de la compassion, de l'amour et beaucoup de sympathie pour eux parce qu'eux aussi ont connu les mêmes souffrances. Elle n'éprouve pas de colère, non, pas du tout. Elle a peut-être les larmes aux yeux, mais elle n'est pas en colère et elle fera tout son possible pour aider ses parents à atteindre la plénitude de la solitude.

Premièrement, devenez un individu. En second lieu : n'attendez pas la perfection et n'ayez aucune demande, aucune exigence. Aimez les gens simples. Il n'y a rien à redire contre les gens ordinaires. Les gens ordinaires sont extraordinaires. Chaque être humain est exceptionnel. Respectez ce caractère exceptionnel.

Troisièmement : donnez sans aucune condition, et vous saurez ce qu'est l'amour. Je suis incapable de le définir, mais je peux vous enseigner la façon de le cultiver. Je peux vous enseigner comment le placer dans un rosier, comment l'arroser, comment le fertiliser, comment le protéger. Puis un jour, la rose apparaît de façon inattendue et votre maison se remplit de parfum. C'est ainsi que l'amour naît.

Le mariage est de la prostitution

On peut donner deux significations totalement différentes au mot «amour», non seulement différentes, mais diamétralement opposées. Dans un cas, l'amour est défini comme une relation; dans l'autre, comme un état d'esprit.

Dès l'instant où l'amour devient relation, il devient esclavage, parce qu'il existe des attentes, des exigences et des frustrations et parce que chacun tente de dominer l'autre. Cela devient une lutte de pouvoir.

La relation n'est pas le bon choix, du moins pour mes élèves. Mais l'amour en tant qu'état d'esprit revêt une signification totalement différente. Cela signifie que vous êtes aimant et que vous n'êtes pas en train de transformer l'amour en une relation. votre amour ressemble simplement au parfum d'une fleur. Il ne crée pas de relation; il ne vous commande pas d'agir d'une certaine façon, de vous conduire d'une certaine façon, d'être ceci ou cela. Il n'exige rien. Il se contente de partager. Et dans ce partage, il n'y a pas non plus de désir de récompense. Le partage est lui-même récompense.

Quand l'amour devient comme un parfum pour vous, il est alors d'une extrême beauté et bien au-dessus de ce que l'on appelle l'humanité. Il a quelque chose de divin.

Quand l'amour est un état, vous ne pouvez rien y changer. Il rayonnera et n'emprisonnera personne, mais ne permettra pas non plus que vous soyez emprisonné par quiconque.

La relation en soi, réelle ou imaginaire, représente une forme subtile d'esclavage psychologique. Ou vous réduisez l'autre à l'état d'esclave, ou vous devenez esclave vous-même.

Il faut également noter que vous ne pouvez asservir quelqu'un sans devenir vous-même esclave. L'esclavage est une épée à double tranchant. L'un sera peut-être plus fort, l'autre plus faible, mais dans chaque relation, vous êtes le geôlier et l'autre, le prisonnier. Selon sa version, il est le geôlier et vous êtes le prisonnier. C'est l'une des raisons fondamentales pour laquelle l'humanité est dans un si triste état et vit autant de tristesse.

Que l'amour soit pour vous un état d'être. Il ne s'agit pas de tomber amoureux, mais simplement d'être aimant. C'est tout bonnement votre nature.

L'amour en vous correspond simplement au parfum de votre être. Même si vous êtes seul, vous êtes entouré par une énergie d'amour. Même si vous touchez une chose inerte, comme un fauteuil, votre main répand l'amour – et peu importe sur qui ou sur quoi. L'amour est un état, il ne vise personne en particulier.

Mais vous ne pouvez être amoureux que si vous laissez tomber le modèle désuet des relations. L'amour n'est pas une relation.

Deux personnes peuvent être très aimantes l'une envers l'autre. Plus elles sont aimantes, plus la possibilité d'une quelconque relation diminue. Plus elles sont aimantes, plus il y a de liberté entre elles. Plus elles sont aimantes, moins il y a de risques qu'il y ait des demandes, de la domination, des attentes. Et naturellement, il ne peut y avoir de frustration.

Je m'oppose aux relations de toutes sortes. Par exemple, je n'aime pas le mot «amitié», mais j'aime le mot «bonté». La bonté est une qualité qui existe en soi, l'amitié, encore une fois, est une relation.

L'amour est si précieux qu'on devrait le protéger contre toute forme de pollution, de contamination, d'intoxication. Les relations empoisonnent l'amour. Je veux que le monde soit constitué d'individus. J'ai même du mal à entendre prononcer le mot «couple» : Vous avez détruit deux individus et le couple n'a rien d'admirable.

Que le monde soit formé uniquement d'individus! Chaque fois que l'amour fleurit spontanément, chantez-le, dansez-le, vivez-le; ne vous en servez pas comme d'une chaîne. N'essayez pas de tenir quelqu'un en esclavage et ne permettez à personne de vous asservir. Un monde constitué uniquement d'individus libres sera véritablement un monde libre.

Le besoin d'être utile est l'un des besoins les plus importants chez l'homme. Par conséquent, je ne peux m'imaginer que l'amour cessera d'exister un jour. Aussi longtemps qu'il y aura des êtres humains, l'amour demeurera leur expérience la plus chère. Et même si l'amour est accessible sur la terre, il ne lui appartient pas. L'amour vous donne des ailes pour voler vers le soleil comme l'aigle. Sans amour, vous n'avez pas d'ailes.

Mais parce qu'il est une nourriture sans aucun équivalent et qu'il vous est si nécessaire, l'amour se retrouve au centre de tous les problèmes. Vous désirez que la personne qui vous est chère soit là pour vous demain également. La journée a été merveilleuse et vous vous inquiétez de demain. C'est ce qui a donné naissance au mariage. C'est simplement la crainte que votre amoureux ou votre bien-aimé ne vous quitte qui vous conduit à faire un contrat devant la société et devant la loi. C'est répugnant – absolument répugnant –, dégoûtant. Transformer l'amour en un contrat suppose que vous placez la loi au-dessus de l'amour; cela signifie que vous placez la collectivité au-dessus de l'individualité et que vous comptez sur les tribunaux, l'armée, la police, les juges pour rendre votre esclavage parfaitement sûr et sans risque.

Demain matin... on ne sait jamais. L'amour souffle comme la brise; il peut revenir ou non. Et s'il ne revient pas, la presque totalité des couples de ce monde en sont réduits à se prostituer à cause de la loi, du mariage, de la respectabilité sociale.

Vivre avec une femme ou un homme que l'on n'aime pas, vivre pour éviter les risques, pour la sécurité, pour le soutien financier, vivre pour toute autre raison que l'amour réduit le mariage à de la prostitution.

J'aimerais que la prostitution disparaisse complètement de ce monde, comme toutes les religions l'ont d'ailleurs souhaité. Mais la stupidité humaine est telle que ces religions qui veulent bannir la prostitution en sont elles-mêmes la cause, puisque d'une part, elles soutiennent le mariage, et que d'autre part, elles s'opposent à la prostitution.

Le mariage en soi est de la prostitution. Si je crois en mon amour, pourquoi devrais-je me marier? L'idée même du mariage dénote de la méfiance. Et ce qui est issu de la méfiance n'aidera pas votre amour à s'approfondir et à grandir. Il le détruira.

L'amour n'est authentique que s'il donne la liberté.

Que ce soit le critère.

L'amour n'est vrai que lorsqu'il ne s'immisce pas dans l'intimité de l'autre personne, que s'il respecte son individualité, son intimité. Mais les amoureux du monde entier s'efforcent d'abolir la vie privée de l'autre; aucun secret ne doit leur être caché. Ils ont peur de l'individualité qu'ils détruisent mutuellement. Ils espèrent qu'en se détruisant l'un l'autre, la vie leur apportera le bonheur et un sentiment de plénitude! Ils deviennent tout bonnement de plus en plus malheureux. Soyez aimant et n'oubliez pas que toute chose réelle est en perpétuel changement. On vous a enseigné à tort que l'amour véritable durait éternellement. La rose naturelle ne dure pas toujours... L'être humain lui-même doit mourir un jour.

L'existence est changement continuel. Le concept, l'idée que pour être vrai, l'amour doit être permanent est aberrant. De plus, s'il disparaît un jour, on en conclut alors qu'il était faux.

Je veux que vous le sachiez : l'amour est venu tout à coup, sans que quiconque fasse un effort; il est venu comme un cadeau de la nature. À cette époque, si vous vous étiez inquiété à l'idée qu'il pouvait subitement disparaître un jour, vous ne l'auriez pas accepté. L'amour s'en va comme il est venu.

Il ne faut pas s'inquiéter, car si une fleur se fane, d'autres fleurs apparaîtront plus tard. Il y aura toujours des fleurs, donc ne vous attachez pas à une fleur particulière. Sinon, vous vous accrocherez bientôt à une fleur morte. C'est la même chose dans la réalité : les gens s'accrochent à un amour mort, un amour qui a déjà été vivant. Il n'est plus à présent qu'un douloureux souvenir et on y reste lié, à cause de la respectabilité, à cause de la loi.

Karl Marx eut l'idée, la bonne idée, d'abolir le mariage dans le système communiste. Et quand la révolution éclata en Russie, on s'efforça, au cours des quatre ou cinq premières années, de libérer l'amour. Mais on réalisa que certaines difficultés d'ordre pratique avaient échappé à Marx – qui n'était qu'un penseur –, la plus grande difficulté étant qu'en bannissant le mariage, la famille disparaissait; et la famille constitue le pivot, la base même de la société, de la nation. Si la famille disparaît, alors la nation ne peut se maintenir longtemps.

Après seulement cinq ans de révolution, le parti communiste changea d'idée. Il soutint à nouveau le mariage. Le divorce était permis, mais difficile à obtenir. On créa mille obstacles au divorce afin de préserver la cellule familiale, car on avait intérêt à maintenir la nation. Sans nation, il n'y aurait plus de politiciens, donc plus de gouvernement.

Depuis, les communistes n'ont plus jamais fait allusion au mariage. L'idée que le mariage avait été institué sur base de la propriété privée et que lorsque la propriété privée disparaît, le mariage doit forcément disparaître était l'un des concepts fondamentaux de Marx. Personne n'en parle plus. J'ai discuté avec des communistes, mais ils sont tombés dans le même piège que toutes les religions. Le *Das Kapital* de Karl Marx est devenu pour eux *La Sainte Bible, Le Coran* sacré : il est impossible d'y changer un seul mot.

J'ai dit : «C'est vrai, je ne dis pas d'y changer quelque chose, mais suivez ce qu'il dit.» Ils ne le font pas non plus, mais ont commencé à lui rendre un culte. Et le culte est la stratégie que l'homme emploie pour éviter toute révolution authentique dans le monde.

Je ne souhaite pas l'existence de la famille, je ne souhaite pas l'existence des nations, car je ne veux pas d'un monde divisé en parties. Je souhaite un monde composé d'individus libres vivant dans l'amour spontané, vivant dans le silence, dans la jovialité, sans condamner le plaisir, sans craindre l'enfer et sans désirer une récompense céleste, parce que nous pouvons créer le paradis *ici-même*. Nous avons tout ce qu'il faut pour le créer, mais nous ne l'utilisons pas. Au contraire, nous créons tous les obstacles possibles pour empêcher que la terre devienne un paradis.

Je ne suis pas contre l'amour, au contraire, je le favorise; c'est pourquoi je m'oppose aux relations, au mariage. Il est possible que deux personnes puissent passer toute leur vie ensemble. Personne ne dit qu'il faut se séparer, mais il faut vivre ensemble uniquement par amour, dans le respect mutuel de l'individualité et de l'âme. C'est cela qui en fait sa dignité.

Je parle de l'amour en tant que phénomène spirituel, non biologique. La biologie n'est pas l'amour, c'est le désir. La biologie se rapporte à la perpétuation de toutes les espèces; elle décrit l'amour comme un pot-de-vin biologique. Dès qu'on a fait l'amour à une femme ou à un homme, on constate une perte de tout intérêt, au moins pour vingt-quatre heures. Cela dépend bien sûr de l'âge – en vieillissant, quarante-huit heures, soixante-douze heures...

Un nouveau commandant vient d'arriver dans une base de la Légion étrangère. Le capitaine lui fait visiter tous les bâtiments. Après avoir fait le tour, le commandant regarde le capitaine et lui dit : «Un instant. Vous ne m'avez pas fait visiter le petit édifice bleu là-bas. À quoi sert-il?»

Le capitaine lui répond : «Et bien, monsieur, voyez-vous, c'est là que nous gardons le chameau. Toutes les fois que les hommes ont envie d'une femme...»

«Assez!» s'exclame le commandant dégoûté.

Deux semaines plus tard, le commandant lui-même commence à avoir envie d'une femme. Il va voir le capitaine et lui dit : «Dites-moi quelque chose, capitaine.» Puis en baissant la voix et en regardant furtivement autour de lui, il demande : «Le chameau sera-t-il bientôt libre?»

Le capitaine lui répond : «Laissez-moi regarder...» Il ouvre son registre. «Oui, monsieur, le chameau sera libre demain après-midi à deux heures.»

Le commandant lui dit alors : «Inscrivez mon nom».

Le lendemain à deux heures, le commandant se rend au petit édifice bleu et ouvre la porte. À l'intérieur, il découvre le plus joli chameau qu'il ait jamais vu. Il referme la porte.

Le capitaine entend soudain un rugissement et des cris aigus. Il accourt, fait irruption dans la hutte et découvre le commandant nu, couvert de poils de chameau et de boue.

«Hum, je vous demande pardon, monsieur», dit le capitaine, «mais ne serait-il pas plus sage de faire comme tous les autres hommes, de vous rendre en ville avec le chameau pour y trouver une femme?»

Le véritable ennemi de l'amour

Vis l'amour et non la peur, car ce sont deux contraires. Les gens croient généralement que l'amour et la haine sont des contraires; c'est faux. L'amour et la haine sont une seule et même énergie, l'énergie amour-haine. L'amour peut se muer en haine, la haine devenir amour; ils sont réversibles. Par conséquent, ils ne sont pas contraires, mais complémentaires.

En effet, nous aimons et haïssons la même personne; les deux vont toujours de pair. Ils ne sont pas ennemis, mais amis. La *véritable* opposition se situe entre l'amour et la peur, car ils ne coexistent jamais. Si on s'attache trop étroitement à la peur, l'amour s'en va. La peur ne peut se transformer en amour et l'amour en peur; ils ne sont pas convertibles.

Seul l'amour enrichit. La peur diminue, paralyse. Et plus on est paralysé, plus on est effrayé; c'est donc un cercle vicieux. L'amour donne des ailes et aide à s'abandonner à la vie; il donne le courage d'expérimenter la vie de diverses façons. Il donne accès à la vie dans toute son étendue, il est multi-dimensionnel. Il réunit tout l'arc-en-ciel, toutes les couleurs de l'existence. Voici donc la première chose à faire : rejeter la peur et s'imprégner toujours davantage d'amour; remplacer la peur par l'amour.

En second lieu : penser au ciel, à l'immensité; penser à la liberté, à l'infinité et non à des choses futiles et insignifiantes. La peur songe constamment à des détails insignifiants, l'amour n'y pense jamais. L'amour est prêt à tout sacrifier; l'amour ne pense qu'à l'immensité. C'est un aigle porté par les vents, à la recherche de l'inconnu.

L'amour de soi

Osho,
Vous enseignez aux gens à s'occuper d'eux-mêmes avant de songer à s'occuper des autres. Cela semble aller à l'encontre de plusieurs religions du monde qui enseignent le dévouement à autrui; cela doit leur sembler une attitude très égoïste. Pourriez-vous nous entretenir de ce sujet?

Non seulement cela va à l'encontre de plusieurs religions, mais de toutes les religions du monde. Elles enseignent toutes le dévouement, le service aux autres. Mais selon moi, l'égoïsme est un phénomène naturel.

L'altruisme est imposé.

L'égoïsme fait partie de la nature.

À moins d'atteindre le stade où son moi se dissout dans l'universel, on ne peut être véritablement altruiste : on ne peut faire que semblant de l'être. Vous serez un hypocrite et je ne veux pas que mes élèves soient des hypocrites. C'est un peu compliqué, mais c'est compréhensible.

Premièrement, l'égoïsme fait partie de la nature. Vous devez l'accepter. Et s'il fait partie de la nature, c'est qu'il doit servir une chose essentielle, sinon il serait totalement absent.

Si vous avez survécu, si vous avez pris soin de vous-même, c'est à cause de l'égoïsme, car sans cela, l'humanité aurait disparu depuis bien longtemps.

Pensez simplement à l'enfant qui naît sans aucun égoïsme : il ne peut survivre. Il mourra, parce que l'acte même de respirer et de manger est égoïste. Vous mangez, alors qu'il y a des millions de gens affamés; vous êtes en bonne santé alors que des milliers de personnes sont malades ou en train de mourir...

Si un enfant naît sans que l'égoïsme fasse intrinsèquement partie de sa nature, il ne survivra pas. Si un serpent s'approche de lui, pourquoi le fuirait-il? De peur qu'il morde. C'est votre égoïsme qui vous protège et vous empêche de croiser le chemin du serpent.

Si un lion saute sur vous pour vous tuer, mourez! C'est ça, l'altruisme. Le lion a faim et vous lui procurez la nourriture dont il a besoin : qui êtes-vous donc pour intervenir? Vous ne devriez ni vous protéger ni vous battre. Vous devriez vous offrir sur un plateau au lion. Ce serait de l'altruisme.

Toutes les religions vous ont enseigné des comportements qui ne sont pas naturels. Et celui-ci n'est qu'un exemple parmi d'autres.

Je vous enseigne la nature. Je vous enseigne à être naturel, absolument naturel, effrontément naturel.

Oui, je vous enseigne l'égoïsme et personne ne l'a fait avant moi, car personne n'a eu le cran de le faire. Tous sont égoïstes! C'est ce qu'il y a de surprenant dans toute cette histoire.

Pourquoi un moine se torture-t-il? Certainement parce qu'il a une motivation. Il veut accéder au paradis et à tous les plaisirs qu'il renferme. Il ne sacrifie rien; il marchande, tout simplement. C'est un homme d'affaires et ses écritures sacrées disent : «Vous serez récompensé au centuple.» Cette vie est vraiment courte (soixante-dix ans, ce n'est pas beaucoup). Si vous sacrifiez soixante-dix ans de plaisirs pour une éternité de plaisirs, c'est une excellente affaire. Je ne crois pas que ce soit désintéressé.

Pourquoi ces religions vous ont-elles enseigné à servir l'humanité? Pour quelle raison? Dans quel but? Qu'allez-vous en retirer? Vous ne vous êtes peut-être jamais posé la question. Il ne s'agit pas de dévouement...

Toutes ces religions qui parlent de dévouement ont certainement intérêt à ce que l'humanité reste pauvre, à ce que les gens continuent d'avoir besoin du dévouement d'autrui, à ce qu'il y ait des orphelins, des veuves, des vieillards abandonnés, des mendiants. Elles ont absolument besoin de ces gens. Sinon, que feraient ces grands serviteurs de l'humanité? Qu'adviendrait-il de toutes ces religions et de leurs enseignements? Et comment entreraient-ils dans le royaume de Dieu? Ces gens doivent leur servir d'échelle.

Appelez-vous cela du dévouement? Le missionnaire est-il altruiste? En fait, il sauve les autres pour son propre bien. Au fond, il ne s'agit que d'égoïsme, mais il se cache derrière un nom très noble : l'altruisme, le service.

Pourquoi aurait-on besoin de dévouement? Ne pourrions-nous abolir les situations qui engendrent le dévouement? Bien sûr, mais les religions seraient furieuses, car s'il n'y avait plus ni pauvres ni affamés ni affligés ni malades – ce qui est leur champ d'activité –, elles perdraient tout leur territoire. Or la science peut arriver à abolir tout cela. Tout cela est aujourd'hui entre nos mains. Cela serait fait depuis longtemps si ces religions n'avaient pas arrêté chaque personne qui voulait faire progresser la connaissance – ce qui peut détruire toute occasion de dévouement. Elles se sont opposées à tout progrès scientifique; et elles parlent de servir!

Elles ont besoin de ces gens et leur besoin n'est pas désintéressé; il est totalement égoïste. Il a une motivation. Il vise à un but.

Voilà pourquoi je vous dis que servir est un mot obscène. Ne l'employez jamais. Oui, vous pouvez partager, mais n'humiliez jamais quelqu'un en vous mettant à son service. C'est une humiliation.

Lorsque vous vous mettez au service de quelqu'un, vous vous sentez important... vous avez réduit l'autre personne à l'état de larve, à une chose moins qu'humaine. Et vous vous sentez tellement supérieur parce que vous avez sacrifié vos propres intérêts à servir les pauvres. Or, vous ne faites que les humilier.

Si vous possédez quelque chose, une chose qui vous apporte la joie, la paix, l'extase, partagez-la. Et n'oubliez pas que lorsque vous partagez, vous devez le faire sans aucune motivation. Je ne vous dis pas qu'en partageant, vous gagnerez le ciel; je ne vous donne aucun but.

Je vous dis que le simple fait de partager vous procurera un sentiment de plénitude. La plénitude se trouve dans l'acte même du partage; elle n'est pas un but à poursuivre. Le partage n'a aucune fin. Il est une fin en lui-même.

Et vous vous sentirez reconnaissant envers la personne qui était disposée à partager avec vous. Vous n'aurez pas l'impression qu'elle vous doit quelque chose, car vous n'aurez pas été à son service. Seuls ceux qui croient au partage plutôt qu'au service peuvent détruire toutes ces viles occasions de dévouement, sur toute la surface de la terre. Toutes les religions ont exploité ces occasions. Cela porte un nom glorieux... Elles ont acquis beaucoup d'expérience pendant les milliers d'années où elles ont caché les choses viles derrière des mots nobles. Et lorsque l'on commence à mettre un nom noble sur une chose ignoble, il se peut que l'on finisse par oublier qu'il ne s'agit que d'une façade. À l'intérieur, la réalité est toujours la même.

Les serviteurs de l'humanité, les missionnaires et tous ceux de leur espèce sont inutiles. Nous avons besoin de plus d'intelligence.

C'est pourquoi j'enseigne l'égoïsme.

Je veux tout d'abord que vous fleurissiez vous-même. Oui, cela resemble à de l'égoïsme, mais je n'ai rien contre cette apparence. Cela ne me pose aucun problème.

La rose n'est-elle pas égoïste lorsqu'elle fleurit? Le lotus n'est-il pas égoïste quand il s'épanouit? Quand il brille, le soleil n'est-il pas égoïste? Aussi pourquoi devrions-nous nous en faire à ce sujet?

Vous êtes né. La naissance n'est qu'une chance, un début et non une fin. Vous devez vous épanouir. Ne ratez pas cette chance en vous sacrifiant stupidement.

Votre première responsabilité est de vous épanouir, de devenir pleinement conscient, éveillé, attentif; et lorsque vous aurez atteint cet état de conscience, vous serez en mesure de voir ce que vous pouvez partager, de comprendre comment résoudre des problèmes.

Quatre-vingt-dix-neuf pour cent des problèmes du monde peuvent être résolus. Il n'y a peut-être qu'un pour cent qui ne peut l'être. Vous pouvez donc partager avec ces gens tout ce qu'il vous est possible de partager, mais pour ce faire, vous devez d'abord avoir quelque chose à partager.

Jusqu'à présent, toutes ces religions ne sont jamais venues en aide à l'humanité pour résoudre un seul problème. Écoutez bien ce que je dis : ont-elles jamais résolu un seul problème? Et elles pratiquent ce genre de dévouement depuis des milliers d'années.

Les pauvres sont toujours pauvres et ils continuent de s'appauvrir. Il y a encore des malades et des vieillards esseulés; il existe encore toutes sortes de maladies, des crimes de toute nature, et cela ne cesse d'augmenter. Chaque année, dans le monde, le nombre de crimes augmente par rapport à l'année précédente. C'est étrange... les prisons sont surpeuplées, les cours de justice débordées. Elles croient qu'elles vont stopper le crime, alors qu'elles sont la cause de sa progression.

Elles commettent une erreur fondamentale. Ce qu'elles font n'a rien à voir avec le problème. L'individu qui commet un crime n'est pas un criminel, c'est un malade. Il n'a pas besoin d'être jeté en prison et torturé, il doit être placé dans un hôpital psychiatrique et y être traité avec respect. Ce n'est pas sa faute.

Nous avons aujourd'hui toutes les ressources pour redonner à cet homme sa dignité humaine.

Le dévouement est superflu; ce qui est essentiel, c'est de partager votre conscience – vos connaissances, votre être, votre respect – mais pour cela, vous devez d'abord les posséder.

Selon moi, le plus grand problème de l'humanité, c'est que les hommes ignorent tout de la méditation. Selon moi, c'est le problème capital. Ce n'est ni la surpopulation ni la bombe atomique ni la faim... Non, ce ne sont pas les problèmes fondamentaux et la science peut facilement y apporter une solution.

Le seul problème fondamental que la science ne puisse résoudre, c'est que les gens ne savent pas méditer.

Je dis à mes élèves : soyez d'abord égoïstes, totalement égoïstes, épanouissez-vous. Fleurissez et répandez votre parfum. Partagez-le ensuite avec ces infortunés qui avaient le même potentiel que vous, mais auxquels la vie n'a pas accordé la chance d'entrer en eux-mêmes, de percevoir leur divinité.

Je suis contre toutes les religions, parce que selon moi, tout ce qu'elles ont fait est absolument inutile. Elles «agissent» avec de belles paroles et cachent des choses viles derrière de beaux discours.

Je vous enseigne à être naturel.

Et je vous enseigne à accepter votre naturel.

Et je suis sûr d'une chose : lorsque vous vous serez épanoui, vous partagerez. Cela est inévitable. Quand la fleur s'ouvre, elle n'a aucun moyen de retenir son parfum, de l'emprisonner. Le parfum s'échappe et se répand par tous les vents.

Pour commencer, réalisez-vous, soyez heureux. *Soyez* d'abord. Alors émanera de votre être un parfum qui touchera de nombreuses personnes. Il ne s'agira pas de dévouement, mais d'un partage joyeux et authentique. Il n'y a pas de plus grand plaisir que de partager sa joie.

L'amour est un luxe

Osho,
Qu'arrive-t-il à l'amour s'il n'y a rien ni personne pour le reconnaître et l'apprécier?

L'homme atteint sa maturité d'esprit lorsqu'il se met à aimer au lieu d'exiger; il se met à partager et à donner quand sa coupe déborde. L'accent est mis sur quelque chose de totalement différent. Dans le premier cas, on met l'accent sur la façon d'avoir plus. Dans le second, on insiste sur la façon de donner, de donner davantage, de donner sans conditions. C'est l'accession à la maturité, c'est la croissance.

Comment besoin et amour pourraient-ils être synonymes? L'amour est un luxe. Il est l'abondance. Il est si plein de vie que ne sachant qu'en faire, on le partage. L'amour, c'est avoir le cœur si rempli de chants que vous devez les chanter. Que l'on vous écoute ou non, cela n'a rien à voir. Si personne n'écoute, vous devez chanter quand même, exécuter votre danse.

L'autre peut le recevoir ou passer à côté, mais en ce qui vous concerne, l'amour circule, l'amour déborde. Les rivières ne coulent pas pour vous; ils coulent, que vous soyez présent ou pas. elles ne coulent pas pour votre soif, pour vos champs asséchés; elles coulent tout simplement à cet endroit. Vous pouvez y étancher votre soif, c'est à vous de décider. La rivière ne coule pas vraiment pour vous, il coule tout simplement. Avoir de l'eau pour vos champs et obtenir l'eau dont vous avez besoin sont des choses accidentelles.

Lorsque vous êtes sans amour, vous demandez à l'autre de vous en donner. Vous mendiez. L'autre vous demande aussi de lui en donner. Or, deux mendiants face à face, les mains tendues, espérant tous les deux que l'autre ait l'amour... Naturellement, les deux finissent par se sentir frustrés et trompés.

Voici le paradoxe : ceux qui tombent amoureux sont dépourvus d'amour, c'est pourquoi ils tombent «en amour». Et puisqu'ils sont dépourvus d'amour, ils ne peuvent en donner. En outre, la personne immature tombera toujours amoureuse d'une autre personne immature, parce qu'elles ont un langage commun. La personne mature aimera la personne qui a de la maturité; la personne immature aimera une personne immature.

En amour, la difficulté fondamentale est d'acquérir la maturité avant de trouver un partenaire mature; alors une fois cette maturité acquise, les gens immatures ne vous attireront plus du tout. Si vous avez vingt-cinq ans, vous ne tomberez pas amoureux d'un bébé de deux ans. Si vous êtes une personne mature sur le plan psychologique et spirituel, vous ne tomberez pas amoureux d'un bébé. Cela n'arrivera pas, car cela ne *peut* arriver. Vous êtes capable de comprendre que c'est insensé.

En fait, la personne mature ne tombe pas amoureuse, elle s'élève dans l'amour. «Tomber» n'est pas le mot juste. Seuls les gens immatures tombent; ils trébuchent et tombent en amour. Ils arrivent à se tenir debout on ne sait trop comment, mais ils sont incapables de se débrouiller; ils trouvent une femme et les voilà partis, elles trouvent un hommes et les voilà parties. Ils étaient déjà sur le point de tomber par terre, de ramper. Ils n'ont pas de caractère, ce sont des mous; ils n'ont pas l'honnêteté de se tenir debout tout seul.

La personne mature a suffisamment d'intégrité pour être seule. Et lorsqu'une personne mature donne de l'amour, son amour n'a pas d'attaches : elle donne, tout simplement. Lorsqu'une personne mature donne de l'amour, elle vous est reconnaissante d'avoir accepté son amour, et non le contraire. Elle ne s'attend pas à ce que vous l'en remerciez; pas du tout, car elle n'a pas besoin de vos remerciements. Elle vous remercie d'avoir accepté son amour.

Quand deux personnes matures sont amoureuses, on assiste à l'un des plus extraordinaires paradoxes de l'existence, à l'un des phénomènes les plus merveilleux : elles sont ensemble et pourtant très solitaires; elles sont à ce point ensemble qu'elles ne forment presque plus qu'un. Mais leur unité ne détruit pas leur individualité; en fait, elle la favorise : elles deviennent plus individuelles. Deux personnes matures qui s'aiment s'aident mutuellement à devenir plus libres. Il n'existe aucune politique, aucune diplomatie, aucune tentative de domination. Comment pourrait-on dominer la personne que l'on aime?

Lorsque vous vous êtes finalement réalisé, lorsque vous savez qui vous êtes, l'amour s'élève alors dans votre être. Le parfum se répand et vous pouvez le donner aux autres. Comment pourriez-vous donner une chose que vous n'avez pas? Pour la donner, vous devez l'avoir; c'est la condition première.

Comment pourriez-vous offrir une chose que vous n'avez pas? Ceci, vous l'entendez, vous le comprenez, mais le problème, c'est que cette compréhension est intellectuelle. Si votre être a été touché, si vous avez perçu l'artificialité, il n'y aura plus de questions.

Vous oublierez toutes vos relations dépendantes et vous commencerez à travailler sur votre être : déblayant, purifiant, vous efforçant de rendre votre être profond plus conscient, plus éveillé; c'est ainsi que vous commencerez à travailler. Et plus vous commencerez à sentir que vous vous approchez d'une certaine totalité, plus vous découvrirez que l'amour croît en même temps; il est un effet secondaire.

Il n'a pas besoin d'être reconnu : il n'a besoin d'aucune reconnaissance, d'aucun certificat, d'aucune appréciation de qui que ce soit. La reconnaissance d'autrui est secondaire, elle n'est pas indispensable à l'amour; l'amour continuera de circuler. Personne ne le goûte, personne ne le reconnaît, personne ne ressent de la joie ou de la félicité grâce à lui; l'amour continuera à circuler parce que dans le courant même, vous ressentez une félicité incroyable, une joie extraordinaire. Dans le courant même... quand votre énergie circule...

Assis dans une pièce vide, vous sentez votre énergie circuler, remplir de votre amour la pièce déserte; il n'y a personne – les murs ne vous remercieront pas – pour reconnaître sa présence, personne pour l'apprécier. Mais cela n'a aucune importance. votre énergie se libère, circule... vous vous sentirez heureux. La fleur est heureuse quand son parfum est libéré aux quatre vents; il importe peu que les vents le sachent ou non.

Je suis. Je suis. Que les disciples soient présents ou non, c'est sans importance; je ne dépends pas d'eux. Je fais tout ce que je peux ici pour qu'ils puissent aussi devenir indépendants de moi.

Je suis ici pour vous donner la liberté. Je ne veux en aucune manière vous paralyser; je veux simplement que vous soyez vous-même. Et le jour où vous serez indépendant de moi, vous serez capable de m'aimer vraiment; pas avant.

Je vous aime. Je n'y peux rien. Il ne s'agit pas de savoir si je peux vous aimer ou non, je vous aime tout simplement. Si vous n'êtes pas ici, cet auditorium sera rempli de mon amour, cela ne fera aucune différence. Ces arbres et ces oiseaux continueront de recevoir mon amour. Et même si tous les arbres et les oiseaux disparaissaient, cela ne ferait rien, l'amour se répandrait quand même. L'amour existe, donc l'amour circule.

L'amour et la méditation

Osho,
Au fond de moi, j'aspire à la permanence de l'amour. Est-ce stupide?

L'amour peut exister en deux dimensions : la dimension horizontale et la dimension verticale. Nous connaissons bien l'amour horizontal, car c'est aussi la dimension du temps. La dimension verticale est celle de l'éternité.

Ce n'est pas à la permanence que le cœur aspire; vous vous trompez sur ce point. Mais cette confusion est presque universelle, puisque nous ne connaissons qu'un seul plan, l'horizontalité, la dimension du temps. Dans cette dimension, il n'existe que deux possibilités : une chose est ou passagère ou permanente. Mais la permanence n'est rien d'autre que plusieurs moments; elle a aussi un commencement et une fin. La permanence n'est pas éternelle, elle ne peut l'être. Dans le temps, rien ne peut être éternel. Ce qui naît dans le temps doit forcément mourir dans le temps. S'il y a un début, il y a une fin.

Votre amour naît, et s'il naît à un moment donné dans le temps, il doit forcément avoir une fin. Oui, la fin peut venir plus tôt ou plus tard. S'il prend fin rapidement, vous dites qu'il est passager; s'il met un peu plus de temps à finir, vous dites qu'il est permanent. Mais la permanence ne comblera pas davantage votre cœur, car le cœur aspire à ce qui n'a pas de fin, à ce qui est éternel. C'est la soif de Dieu. «Dieu» est également synonyme d'amour éternel.

Mais la raison ignore tout de l'éternité. Le cœur aspire à l'éternité et la raison se fait constamment l'interprète du cœur. La raison ne connaît que l'amour de très courte ou de moyenne durée. Et même si l'amour dure plus longtemps, la peur de la fin est toujours là. Et la peur a parfaitement raison, car la fin viendra. En fait, cela prendra plus de temps si vous êtes sot. Si vous êtes extrêmement bête et parfaitement sot, il vous faudra énormément de temps pour comprendre la futilité de tout cela. Si vous êtes très intelligent, la fin pourra venir très vite, car vous comprendrez que cela importe peu.

Plus une personne est intelligente, plus son amour sera de courte durée (l'amour tel que vous le connaissez). C'est la raison pour laquelle l'amour devient un phénomène de courte durée à mesure que l'humanité gagne en intelligence. Autrefois, l'amour était presque permanent; le divorce n'existait pas. Dans les pays où les gens sont peu instruits, le divorce n'existe pas encore. Plus un pays atteint un niveau élevé d'instruction, de culture, d'avancement, plus le nombre de divorces augmente en proportion, simplement parce que les gens peuvent constater qu'ils s'ennuient ensemble. Et puisqu'il n'y a aucune raison que cela s'éternise, il est préférable d'en finir.

La raison peut mettre fin à une chose et lui substituer immédiatement une autre illusion, maintes et maintes fois. La raison n'apprend pas. Même la personne intelligente n'apprend pas. Et la raison est devenue si puissante que tout ce qui vient du cœur ne vous atteint jamais, n'atteint jamais votre être profond sans qu'elle l'interprète.

Le cœur dit éternité, la raison interprète permanence. C'est là où vous vous trompez. Le cœur aspire à la dimension verticale qui est la dimension de la méditation.

Vous n'êtes pas stupide à cause de l'aspiration de votre cœur, mais vous ne la comprenez pas. Vous aspirez à un amour qui naît de la méditation et non de la raison. C'est le genre d'amour dont je parle constamment. C'est l'amour dont Jésus parle : cet amour est Dieu. Ce n'est pas votre amour; votre amour ne peut être Dieu. votre amour est simplement une phénomène mental : il tient de la biologie, de la physiologie, de la psychologie, mais il n'est pas éternel.

Voici ce que je vous suggère : si vous êtes vraiment disposé à répondre à l'aspiration de votre cœur, alors ne pensez plus du tout à l'amour. Pour commencer, entrez en méditation, car elle fera jaillir l'amour. L'amour est le parfum de la méditation. La méditation est la fleur. Laissez-la s'ouvrir. Laissez-la vous aider à entrer dans la dimension de la verticalité, non mentale, non temporelle, et vous constaterez soudain la *présence* du parfum. Alors il sera éternel, alors il sera inconditionnel.

Aucun rêve ne peut être permanent et votre amour est un rêve. Le mental ne peut que rêver; il ne peut vous donner le réel.

Sortez du mental. Oubliez complètement l'amour. Vous ne comprenez rien à l'amour – vous ne *pouvez* le comprendre. Seule la méditation vous permettra de changer la dimension de votre être. Vous passerez de l'horizontal au vertical; vous cesserez de vivre dans le passé et dans l'avenir... Pourquoi la permanence? La permanence signifie que vous essayerez d'expliquer même l'avenir. Vous voulez que tout reste semblable, même dans l'avenir. Pourquoi? En réalité, l'amour doit déjà s'être envolé pour pouvoir commencer à songer à la permanence.

Lorsque deux amoureux sont vraiment dans l'illusion, ils ne pensent pas à la permanence. Demandez-le à deux amoureux en pleine lune de miel : ils s'en moquent éperdument et savent qu'ils seront ensemble pour toujours.

Mais dès l'instant où l'amour commence à leur échapper, la raison dit : «À présent, accroche-toi. Fais tout ce que tu peux pour qu'il soit permanent. Ne regarde pas les fissures qui se forment. Ne regarde pas; fuis, oublie-les complètement. Continue de les masquer – débrouille-toi, d'une façon ou d'une autre.»

Mais c'est demander l'impossible.

Je peux vous enseigner la méditation et de la méditation émergera un amour d'une qualité différente. Il ne s'agira plus alors d'aventures amoureuses. Il s'agira de sagesse, non de folie. Vous ne tomberez plus amoureux, vous vous élèverez dans l'amour et l'amour deviendra une de vos qualités. L'amour vous entourera, exactement comme le halo de lumière autour de la flamme. Vous serez aimant, vous serez amour. L'amour sera éternité et ne s'adressera plus à une personne en particulier. Quiconque s'approchera de vous en boira. Quiconque s'approchera de vous en sera enchanté, en sera enrichi. Un arbre, une pierre, une personne, un animal, peu importe. Même si vous êtes assis, seul... Bouddha assis seul sous son arbre rayonne l'amour. L'amour ruisselle continuellement autour de lui. Il est éternel et c'est à cela que le cœur aspire vraiment.

LE RIRE

Selon moi, le sens de l'humour devrait être l'assise du comportement religieux de l'homme dans l'avenir.

Osho

Une New-yorkaise, jeune femme de carrière intelligente,

épousa Stefano, un jeune et beau fermier italien.

Elle n'appréciait pas tellement ses manières

et tenta sur le champ de l'éduquer.

Tout au long de la réception qui suivit le mariage,

elle ne cessa de le corriger, de lui enseigner quoi dire,

quel couteau utiliser à table, comment demander le

beurre.

La fête se termina enfin et ils se retrouvèrent au lit.

Stefano remuait entre les draps, peu sûr de lui, puis,

finalement, il se tourna vers sa nouvelle épouse

et lui demanda en bégayant :

«Pourrais-tu me passer la chatte, s'il te plaît?»

Les ânes ne rient jamais

Vous n'avez jamais vu un âne ou un buffle rire d'une plaisanterie. Seul l'homme peut s'amuser d'une plaisanterie, peut en rire. vos saints hommes ressemblent aux buffles et aux ânes! Ils sont tombés plus bas que l'humanité, car ils ont perdu une chose extrêmement précieuse. Sans le rire, l'homme ressemble à un arbre sans fleurs.

Mais la société a besoin de gens sérieux : des présidents, des premiers ministres, des vice-chanceliers, des professeurs, des papes, des *shankaracharyas*, des ayatollahs, des immans, des prêtres de tout genre, des enseignants, des commissaires, des percepteurs, des gouverneurs... Tous doivent être sérieux. Et s'ils ont le sens de l'humour, la société redoute une perte d'efficacité. S'ils ont le sens de l'humour, ils deviendront humains. Or, on exige d'eux qu'ils soient semblables à des machines.

Adolf Hitler avait une démarche mécanique. Il n'y a qu'à regarder des photos – son maintien, sa démarche, sa façon de passer les troupes en revue, sa façon de saluer. Cela semble presque mécanique, comme s'il ne s'agissait pas d'un homme, mais d'un robot. Son visage, ses gestes, ressemblaient à ceux d'un automate, et à cause de lui, toute l'Allemagne en vint à ressembler à un robot. Il a détruit l'Allemagne bien plus qu'il n'a détruit n'importe qui d'autre. Mais il a créé une armée très efficace. On ne peut bâtir une armée efficace que si les gens perdent toute intelligence et tout ce que l'intelligence comporte.

Le sens de l'humour est l'une des composantes essentielles de l'intelligence. Dès l'instant où vous le perdez, vous perdez aussi votre intelligence; et plus vous avez d'humour, plus vous êtes intelligent. Il ne s'agit pas ici de savoir comment éveiller le sens de l'humour : il suffit d'enlever les obstacles qui se trouvent sur son chemin, car il est déjà là, c'est un fait. Il suffit d'ôter quelques pierres que vos parents, la société ont posées sur lui pour le contenir. La société vous enseigne le contrôle de soi et le sens de l'humour est synonyme de détente...

Vous n'avez pas le droit de rire en présence des aînés, des professeurs, des prêtres, dans les églises.

Et les chrétiens disent que Jésus n'a jamais ri. Je n'en crois rien : ce n'était pas un buffle que je sache! C'est l'un des plus grands hommes, l'un des plus intelligents que la terre ait porté. Il a sûrement ri, il doit s'être amusé. Il était un homme de la terre, bien plus que Bouddha. Il a vécu avec plus de passion et d'intensité que tous ceux qui ont jamais atteint l'illumination. Il aimait la compagnie des femmes; il y avait de très jolies femmes parmi ses disciples, même l'une des plus célèbres prostituées de cette époque, Marie-Madeleine. Il aimait manger, il aimait boire. Il est le seul être illuminé qui ait aimé le vin. Un vrai homme! Et il aimait beaucoup les fêtes. Chaque soir, il y avait une fête qui durait pendant des heures.

Jésus était un homme de la terre. Il le répète à maintes reprises; il dit bien plus souvent «Je suis le fils de l'homme» que «Je suis le fils de Dieu...». Il est plus proche de la terre que du ciel. C'est un être éminemment terrestre. Il doit avoir ri, il doit s'être amusé.

Mais les prêtres, les papes et tous les hommes d'église sont très sérieux. Entrer dans une église, c'est comme entrer dans un cimetière. Vous devez être sérieux, crispé.

Laissez tomber toutes ces conventions.

Une Londonienne, Lady Aschroft, décida un jour de donner un fête. Elle engagea une servante, Miss Scapeccia, nouvellement immigrée en Angleterre.

— Surtout, n'oubliez pas les pinces à sucre, lui ordonna la maîtresse anglaise. Il n'est déjà pas très propre que les hommes aillent aux toilettes, la sortent et la remettent en place, alors s'ils doivent prendre les carrés de sucre avec leurs doigts...

— Hé oui, madame, répondit l'italienne.

Plus tard, ce soir-là, après le départ des invités, Lady Ashcroft dit :

— Mademoiselle Scappeccia, je croyais vous avoir parlé des pinces à sucre!

— Jé les ai sorties, Lady. Jé lé jure!

— Eh bien, je ne les vois pas sur la table!

— Sur la tablé? Jé lés ai mises dans la salle de toilettes!

Brambilla donna deux cents dollars à son fils Aldo en cadeau de mariage. Deux semaines plus tard, il lui demanda :

— Hé qu'est-cé qué tou as fait de l'argent?

— J'ai acheté une montre, papa, répondit le garçon.

— Stupido! s'écria le père. Tu aurais dû acheter un fusil!

— Un fusil? Et pourquoi?

— Suppose qu'un jour tou rentres à la maison et que tou trouves ta femme au lit avec oun autre homme, expliqua le père. Qu'est-cé qué tou feras? Lé réveiller et lui donner l'heure?

La vie est une plaisanterie cosmique

Dans l'ensemble, la vie est une immense plaisanterie cosmique. Ce n'est pas un phénomène sérieux; prenez-la au sérieux et vous passerez sans cesse à côté. Seul le rire permet de la comprendre.

N'avez-vous jamais remarqué que l'homme est le seul animal qui rit? Aristote a dit de l'homme qu'il est un animal raisonnable. Peut-être cela n'est-il pas vrai, car les fourmis et les abeilles sont très raisonnables. En fait, si on le compare aux fourmis, l'homme semble presque déraisonnable. Un ordinateur est très rationnel et comparé à un ordinateur, l'homme ne l'est pas tellement.

Je dis que l'homme est l'animal qui rit. Aucun ordinateur ne rit, aucune fourmi, aucune abeille; seul l'homme est capable de rire. C'est l'apothéose de la croissance et c'est par le rire que vous atteindrez Dieu, parce que vous ne pouvez atteindre le sommet qu'en empruntant la voie la plus élevée. Le rire servira de pont.

Le Bouddha rieur

Le rire est l'essence même de la religion. Le sérieux n'est jamais religieux, ne peut être religieux. Le sérieux relève de l'ego, il fait partie du mal lui-même. Le rire est l'absence d'ego.

Certes, il y a une différence entre votre rire et celui de l'homme religieux. La différence, c'est que vous riez toujours des autres. L'homme religieux rit de lui-même ou du ridicule de l'existence humaine.

La religion ne peut être autre chose qu'une célébration de la vie. Et la personne sérieuse se retrouve handicapée : elle crée des obstacles. Elle ne peut danser, elle ne peut chanter, elle ne peut célébrer. La dimension de la célébration disparaît de sa vie. Elle finit par ressembler au désert. Et si vous êtes un désert, vous pouvez continuer à croire et à prétendre que vous êtes religieux, mais vous ne l'êtes pas.

Vous appartenez peut-être à une religion, mais vous n'êtes pas religieux. Vous êtes peut-être chrétien, hindouiste, bouddhiste, jaïn, musulman, mais vous ne pouvez pas être religieux. Vous croyez en quelque chose, mais vous ne savez rien. Vous croyez à des théories et l'homme surchargé de théories devient sérieux. L'homme libre de tout fardeau, qui n'est pas accablé sous le poids des théories, se met à rire.

L'existence est une pièce de théâtre si réussie que le rire est la seule réaction possible. La seule vraie prière, la vraie gratitude, c'est le rire.

L'un des grands mystiques japonais, Hotei, est surnommé le Bouddha rieur. C'est l'un des mystiques préférés des Japonais alors qu'il n'a jamais prononcé une seule parole. Quand il eut atteint l'illumination, il se mit à rire, et chaque fois qu'on lui demandait «Pourquoi ris-tu?», il riait encore plus fort. Et il allait de village en village en riant.

Une foule s'assemble et il se met à rire. Et peu à peu – son rire est très contagieux – un rire monte de la foule, puis un autre, et enfin toute la foule rit; elle rit parce que... Pourquoi rient-ils tous? Chacun pense : «C'est ridicule; cet homme est mystérieux, alors pourquoi sommes-nous en train de rire?»

Mais tout le monde rit et tout le monde a une pointe d'inquiétude : «Qu'est-ce que les gens vont penser? Il n'y a aucune raison de rire.» Cependant, les gens attendaient la venue de Hotei, car ils n'avaient jamais ri si totalement, avec tant d'intensité, de toute leur vie, si bien qu'après avoir ri, chacun de leur sens était purifié. Leur vision s'améliorait et tout leur être s'allégeait, comme débarrassé d'un poids considérable.

Les gens lui disaient : «Vous reviendrez» et Hotei s'en allait en riant vers un autre village. Toute sa vie, c'est-à-dire pendant les quarante-cinq ans qui suivirent son illumination, il ne fit qu'une chose : rire. Ce fut son message, son évangile, son Écriture sainte.

Il faut noter qu'au Japon, le souvenir de Hotei est évoqué avec un respect sans pareil. On trouve des statues de Hotei dans chaque maison. Il n'a rien fait d'autre que rire, mais son rire jaillissait d'une telle profondeur qu'il demeurait en chaque personne qui l'avait entendu et stimulait son être, créant une synchronicité.

Hotei est unique. Dans le monde entier, il n'existe aucun être humain qui ait fait rire un aussi grand nombre de personnes sans raison particulière. Tout le monde fut nourri et purifié par le rire; chacun éprouva un bien-être inconnu jusqu'alors.

Jaillissant de l'insondable profondeur, quelque chose commençait à réveiller un souvenir dans le cœur des gens.

Cet Hotei a une extraordinaire importance. Il est extrêmement rare de rencontrer un homme comme Hotei sur la terre. C'est dommage. Plus de gens devraient lui ressembler, plus de temples devraient résonner de rires, de chants et de danses. Rien n'est perdu si on perd son sérieux; en fait, notre santé s'améliore. Mais si on perd le rire, on perd tout. Tout à coup, votre être perd son allégresse, vous devenez terne, taciturne et, en un sens, vous mourez. Votre énergie ne ruisselle plus.

Mais il est difficile de comprendre Hotei. Pour ce faire, il faut posséder cet esprit d'allégresse. Si vous êtes écrasé sous le poids des théories, des concepts, des notions, des idéologies, des théologies, des philosophies, vous ne pourrez comprendre qui est Hotei, quelle est son importance, car il vous regardera en riant. Il rira parce qu'il ne pourra croire qu'un homme puisse être aussi stupide, aussi ridicule – comme un homme qui ne saurait plus comment faire cuire les aliments et qui essaierait de se nourrir de livres de recettes. Il n'arrête pas d'étudier des livres sur les aliments, sur la façon de les préparer, parlant de ceci et de cela, mais il a toujours faim, il meurt de faim, car il a totalement oublié que l'on ne peut se nourrir de livres. C'est ce qui s'est produit : les gens ont complètement oublié que la religion devait être *vécue*. Elle doit être digérée. Elle doit circuler dans le sang, jusque dans les os, jusque dans la moelle. On ne peut se contenter de penser à la religion, car la pensée est la dimension la plus superficielle de l'être. On doit l'assimiler!

Chaque fois qu'une vérité apparaît, que pointe un rayon de soleil, aussitôt les érudits se rassemblent – les intellectuels, les professeurs, les philosophes, les théoriciens – et se jettent sur la vérité, ils la réduisent en miettes et la moulent dans des théories, dans des textes pétrifiés. Ce qui était vivant n'est plus que du papier. La vraie rose disparaît.

À une certaine époque, j'ai séjourné chez un ami chrétien. Je me suis mis à feuilleter sa *Bible* et j'y ai trouvé une rose qu'il avait conservée. Elle devait avoir plusieurs années, car elle était toute sèche, morte, écrasée entre les pages. Je me suis mis à rire. Il sortit en trombe de sa salle de bains et m'interrogea : «Qu'est-ce qu'il y a? Pourquoi ris-tu? Qu'est-ce qui est arrivé?»

Je lui répondis : «La vérité a connu le même sort que cette rose. La rose est morte entre les pages de ta *Bible*. Or, elle n'est plus que le souvenir d'une chose qui a vécu un jour, un simple souvenir; tout le parfum, toute la vie ont disparu. Elle est morte, comme la fleur de plastique ou de papier. Elle a un passé, mais elle n'a aucun avenir. Elle a un passé, mais rien n'est plus possible pour elle. Et la vérité a connu le même sort : elle est morte entre les pages des écritures.»

Lorsque la vérité paraît, elle est silencieuse, non verbale. Elle est si profonde, qu'on ne peut l'exprimer par des paroles. Puis, tôt ou tard, des gens la rédigeront, l'érigeront en système. Et cette systématisation la tuera.

La vie d'Hotei différa totalement de celle d'un religieux ordinaire. Toute son existence ne fut rien d'autre qu'un rire sans fin. On raconte même qu'il lui arrivait de rire dans son sommeil. Il était bedonnant et son ventre se soulevait. Les gens lui demandaient : «Pourquoi ris-tu? Et pourquoi ris-tu même dans ton sommeil!» Le rire était si naturel chez lui que la moindre chose l'incitait à rire. La vie entière est une comédie, que l'on soit éveillé ou endormi.

On a transformé la vie en une tragédie. On a fait de la vie une épouvantable tragédie. Et quand vous riez, votre rire n'est pas authentique. Et même quand vous faites semblant de rire, ce rire est forcé, manipulé, arrangé. Il ne vient pas du cœur et encore moins du ventre. Il ne vient pas de votre centre; il est superficiel. Vous riez pour des raisons totalement étrangères au rire.

Voici une anecdote que l'on m'a racontée :

Dans un bureau modeste, un patron était en train de répéter la même blague usée qu'il avait raconté des centaines de fois. Et tout le monde riait – il le fallait bien! Ils la trouvaient assommante, mais que voulez-vous, c'était le patron. Et quand le patron raconte une blague, on doit rire, cela fait partie de nos fonctions. Assise bien droite et parfaitement sérieuse, une dactylo ne riait pas. Le patron lui dit : «Qu'est-ce que tu as? Tu ne ris pas?»

Elle lui répondit : «Je m'en vais ce mois-ci.» C'était donc inutile.

Les gens ont leurs raisons. Le rire lui-même est devenu une chose sérieuse; le rire lui-même revêt un caractère économique, politique. Et le rire lui-même n'est plus simplement le rire : il a perdu toute sa pureté. Vous ne pouvez même plus rire simplement, avec la candeur d'un enfant. C'est la preuve que vous êtes en train de perdre votre virginité, votre pureté, votre innocence.

Regardez le petit enfant, observez son rire, si profond, jailli du centre même. La première activité sociale que l'enfant apprend en naissant – le terme «apprendre» n'est peut-être pas le mot juste –, c'est le sourire, la *première* activité sociale; en souriant, il fait partie de la société. Cela semble parfaitement naturel, spontané. D'autres aspects s'ajouteront plus tard. Son sourire est la première étincelle de sa présence au monde. Lorsqu'une mère voit sourire son enfant, elle en est infiniment heureuse, car ce sourire est un signe de santé, une marque d'intelligence; ce sourire indique que l'enfant n'est ni stupide ni retardé. Il annonce que l'enfant vivra, qu'il sera heureux. La mère frémit de joie.

Le sourire constitue la première activité sociale et devrait demeurer l'activité sociale de base. On devrait continuer à rire tout au long de sa vie. Si l'on est capable de rire dans toutes sortes de situations, on développera une telle capacité de les affronter qu'elles apporteront la maturité. Je ne dis pas qu'on ne doit pas pleurer. En fait, si l'on est incapable de rire, on est incapable de pleurer. Les deux vont de pair; ils sont les composantes d'un même phénomène, de l'expérience de l'authenticité, de la vérité.

Il y a des millions de personnes dont les larmes se sont asséchées, dont le regard a perdu son éclat, sa profondeur; elles ont les yeux secs. Comme elles ne peuvent verser une larme, elles sont incapables de pleurer; leurs larmes ne peuvent couler librement. Si le rire est paralysé, les larmes le sont aussi. Il n'y a que celui qui rit vraiment qui peut pleurer vraiment. Et si vous savez pleurer et rire, vous êtes vivant.

Un mort ne peut ni rire ni pleurer. Un mort ne peut être que sérieux. Observez un cadavre : le mort réussit bien mieux que vous à être sérieux. Seul un homme vivant peut rire et pleurer.

Ce sont les différentes humeurs de votre être intérieur, ce sont ces différents climats, qui vous enrichissent. Mais tout le monde finit peu à peu par les oublier. Ce qui était naturel au début devient anormal. On a besoin de quelqu'un pour nous pousser à rire : il faut nous chatouiller pour rire. C'est pourquoi on raconte tant de plaisanteries à travers le monde.

Vous ne l'avez peut-être pas remarqué, mais les meilleures plaisanteries du monde nous viennent des Juifs parce qu'ils ont été plongés plus profondément dans le malheur que toute autre race. Ils ont été *obligés* d'inventer des plaisanteries pour pouvoir survivre; sans cela, ils auraient disparu depuis bien longtemps. Ils ont connu tant de malheurs et subi tant de tortures à travers les siècles qu'il leur a fallu développer le sens du ridicule. L'art de la plaisanterie fut l'instrument de salut de ce peuple écrasé et décimé. C'est pourquoi ce sont eux qui racontent les meilleures blagues, les plus drôles, les plus subtiles.

Ce que j'essaie de vous démontrer, c'est que nous ne rions que lorsque quelque chose nous oblige à rire. Quelqu'un raconte une blague et on rit, car la plaisanterie crée une certaine émotion en nous. Tout le mécanisme de la plaisanterie provient du fait que l'histoire suit une direction et change soudain de cap; et le virage se fait plus brusquement et plus radicalement que l'on n'aurait pu l'imaginer. L'émotion grandit et on attend de voir comment cela va se terminer. Et tout à coup, on comprend que ce qu'on attendait ne se produit jamais; une chose totalement différente survient, une chose totalement absurde, ridicule, imprévisible. Une plaisanterie n'est jamais logique, car si elle l'était, elle perdrait tout caractère humoristique, la substance du rire, puisqu'elle serait prévisible. En écoutant la plaisanterie, on en devinerait la fin, car ce ne serait qu'un syllogisme, une simple question d'arithmétique et elle n'aurait rien de drôle. La plaisanterie prend un virage si soudain, si brusque qu'il est presque impossible d'en imaginer ou d'en prévoir la fin. Elle fait un saut, un bond, un bond quantique et elle libère le rire. Il s'agit d'une forme subtile de chatouillement psychologique.

Je me dois de raconter des plaisanteries, car je crains que vous ne soyez tous des gens religieux, car vous avez tendance à être sérieux. Je dois vous chatouiller pour que vous oubliiez parfois vos dévotions, que vous oubliiez toutes vos philosophies, vos théories, vos systèmes et que vous retombiez sur terre. Je dois sans cesse vous ramener sur terre, car sans cela, vous aurez tendance à être sérieux et à le devenir de plus en plus. Et le sérieux est une tumeur maligne.

Vous avez beaucoup à apprendre de Hotei.

Le rire fortifie. De nos jours, même la médecine affirme qu'en donnant le rire à l'homme, la nature l'a doté de l'un des médicaments qui agit le plus en profondeur. Si vous êtes capable de rire quand vous êtes malade, vous recouvrerez plus tôt la santé. Si vous êtes incapable de rire même lorsque vous êtes en bonne santé, vous perdrez la santé et tomberez malade tôt ou tard.

Le rire fait remonter à la surface une énergie émanant de votre source intérieure. L'énergie se met à circuler, car elle est la compagne inséparable du rire. Avez-vous remarqué que lorsque vous riez de bon cœur, vous êtes pendant quelques instants dans un profond état de méditation? La pensée s'arrête. Il est impossible de rire et de penser en même temps. La pensée et le rire sont diamétralement opposés : ou l'on rit, ou l'on pense. Si on rit vraiment, la pensée s'arrête. Si on pense le rire sera médiocre, déphasé, retenu. Ce sera un rire mutilé.

Lorsque l'on rit vraiment, le mental s'éclipse tout à coup. Toute la méthode du zen porte sur la façon d'entrer dans le non mental et le rire est l'une des plus belles portes pour y accéder.

À mon sens, le rire et la danse constituent les meilleures portes, les plus naturelles, les plus accessibles. Si l'on danse vraiment, la pensée s'arrête. On danse, encore et encore, on tourne et tourne et on devient tourbillon : toutes les limites s'effacent, toutes les barrières s'effondrent. On ne sait même plus où finit le corps et où commence l'existence. On se fond dans l'existence et l'existence se fond en nous; les frontières se chevauchent. Si on danse vraiment – non en la contrôlant, mais en se laissant posséder par la danse –, la pensée s'arrête. Le rire produit la même chose. Si on est possédé par le rire, la pensée s'arrête. En expérimentant le non mental pendant quelques instants, on pourra entrevoir bien d'autres récompenses futures. Il nous suffit de revêtir la nature, qualité du non-mental. Il faut toujours plus délaisser la pensée.

Le rire peut constituer une merveilleuse initiation à l'état du non mental.

On dit que ce Hotei ne désirait aucunement se donner le titre de maître zen ou s'entourer de disciples. Il préférait plutôt marcher dans les rues, en portant sur son dos un sac rempli de friandises, de fruits et de beignets qu'il distribuait aux enfants qui se rassemblaient et jouaient autour de lui.

Or, même s'il s'agissait vraiment d'enfants il y avait parfois des jeunes gens et des vieillards; ne vous laissez pas tromper par le mot «enfant» : les gens âgés, plus âgés que Hotei lui-même, étaient aussi des enfants. En fait, pour entrer en relation avec Hotei, il fallait être un enfant, être innocent. Il distribuait quelques présents : des jouets, des friandises, des sucreries. Il s'exprimait symboliquement, démontrant que le message de l'homme religieux est de ne pas attacher trop d'importance à la vie, car elle n'est qu'un jeu.

N'attachez pas trop d'importance à la vie, car elle n'est qu'une friandise. Savourez-la, mais n'en soyez pas obsédé. Elle ne contient ni nourriture ni vérité. On ne peut s'en nourrir.

Vous connaissez cette parole de Jésus : Un homme ne peut vivre que de pain. Un homme ne peut-il vivre que de friandises? Au moins, le pain est nourrissant; la friandise ne l'est pas. Elle a bon goût, mais elle peut, à la longue, nuire à la santé.

Hotei donnait des jouets aux enfants comme aux vieillards, car il traitait tout le monde comme des enfants. C'est très révélateur. Il n'y a pas de meilleure façon d'exprimer que le monde est un jeu. Et ce que l'on croit être la vie n'est qu'une illusion; ce n'est qu'une apparence, un rêve passager. Ne vous y accrochez pas.

Si vous méditez, vous donnez, vous partagez, vous n'accumulez pas, vous n'êtes pas avare. Vous ne possédez rien. Comment pourrait-on posséder en ce monde? Le monde existait alors que nous n'existions pas; un jour, nous disparaîtrons alors que le monde continuera d'exister. Comment pourrait-on posséder quelque chose? Comme pourrait-on affirmer «Ceci est ma propriété?» Comment pourrait-on être le propriétaire de quelque chose? Si vous méditez, votre vie entière deviendra un partage : vous donnerez tout ce que vous pourrez donner – votre amour, votre compréhension, votre compassion –, et tout ce que vous pourrez donner, vous le donnerez – votre énergie, votre corps, votre mental, votre âme –; tout. Et vous trouverez du plaisir à le faire.

Il n'y a pas de plus grand plaisir que celui que l'on éprouve lorsqu'on partage. Avez-vous déjà donné quelque chose? C'est pour cela que les gens aiment tellement faire des cadeaux. C'est une joie sans pareille. Quand vous donnez à quelqu'un – que ce soit une chose sans valeur ou de peu de valeur – l'acte de donner et la façon de le faire sont extrêmement gratifiants. Alors imaginez la personne dont la vie tout entière est un don! Pour laquelle chaque instant est un partage; elle vit au ciel et il n'y a pas d'autre ciel que celui-là.

C'était tout l'enseignement de Hotei : Partage! Donne! Que pourrait-on dire d'autre, que pourrait-on enseigner d'autre?

Le Zen croit que la vérité ne peut être exprimée en paroles, mais qu'elle peut l'être par des gestes, par l'action. On peut faire quelque chose pour elle; on ne peut l'exprimer en paroles, mais on peut la montrer.

Soyez détaché, mais soyez ici, car vous ne pouvez être ailleurs. Il n'y a que ce monde; il n'y en a pas d'autre. Vos moines assis dans les temples et les monastères ou dans les cavernes de l'Himalaya fuient simplement la réalité. Pour renoncer, il n'est pas nécessaire de s'évader. Renoncez et restez ici. Restez dans le monde, mais ne soyez pas de ce monde. Restez solitaire au milieu de la foule. Accomplissez mille et une choses, faites tout ce qu'il faut, mais ne soyez jamais celui qui agit. Ne renforcez pas l'ego; c'est tout.

Il n'y a aucun mal à faire partie du monde. *Faites partie* de ce monde, tout en en étant détaché. C'est précisément cela l'art de vivre entre deux contraires, de se tenir en équilibre entre deux contraires. C'est une voie très étroite, comme une corde raide, mais c'est la seule voie qui existe. Si vous n'atteignez pas cet équilibre, vous passerez à côté de la vérité.

Restez ici, maintenant, dans ce monde; poursuivez votre route, continuez, habité par un rire profond. Dansez jusqu'à Dieu! Chantez jusqu'à Dieu!

Le seul chantre de l'amour et du rire

Osho,
Dans un monde tourmenté par la haine et l'hostilité, la tristesse et la douleur, il semble que vous soyez le seul chantre de l'amour et du rire.

N'est-ce pas drôle?

Ça l'est.

C'est drôle, mais quelqu'un d'autre doit s'y mettre.

Nous voulons que le monde soit moins sérieux et plus sensible; sincère, bien sûr, mais sérieux, jamais.

Nous voulons que le monde sache que le sens de l'humour est l'une des qualités les plus fondamentales de l'homme religieux.

Si vous êtes incapable de rire, vous passerez à côté de bien des choses; vous passerez à côté de bien des mystères.

Le rire fait de vous un petit enfant candide; il vous relie à l'existence, au mugissement de l'océan, aux étoiles et à leur silence.

Votre rire fait de vous le seul élément du monde qui soit devenu intelligent, car seuls les gens intelligents peuvent rire. C'est pourquoi les animaux ne peuvent se permettre de rire.

Et comme on a toujours enseigné que le sérieux était presque un prérequis de la respectabilité, tout le monde est devenu sérieux. Or, il n'y a aucune raison particulière de l'être, mais c'est devenu une seconde nature; on a complètement oublié qu'être sérieux était une maladie qui signifiait que le sens de l'humour était mort en nous. Autrement, la vie tout autour de soi abonde en choses cocasses. Si vous avez le sens de l'humour, vous constaterez avec surprise que vous n'avez pas le temps d'être triste : il ne cesse de se produire une chose ou une autre, partout et à chaque instant.

Ma mission consiste certainement à apporter le rire à l'humanité entière, qui l'a oublié. Et quand on oublie le rire, on oublie constamment de chanter, d'aimer, de danser – on n'oublie pas que de rire. Le rire est composé de qualités qui lui sont propres, tout comme le sérieux.

Oubliez le rire et vous oublierez l'amour.

Comment pourrait-on dire «Je t'aime» à une femme qui a un visage triste? Il faudra lui sourire un peu.

On ne peut prononcer le moindre mot avec un visage morose. Les gens prennent tellement tout au sérieux que cela finit par peser sur eux.

Apprenez à rire davantage.

Pour moi, le rire est aussi sacré que la prière.

Taureau ou bœuf?

L'une des pires cruautés que l'on peut commettre envers l'homme, c'est de le transformer en un être triste et sérieux. On l'y a obligé, car s'il n'est pas triste et sérieux, il est impossible d'en faire un esclave – un esclave sur tous les plans : sur le plan spirituel, l'esclave d'un dieu fictif, d'un ciel et d'un enfer imaginaires; sur le plan psychologique, parce que la tristesse et le sérieux sont anormaux... ils doivent être imposés au mental. Le mental se fragmente et est démoli; sur le plan physique, parce que l'homme incapable de rire ne peut être en bonne santé.

Le rire n'est pas uni-dimensionnel; il inclut les trois dimensions de l'homme. Lorsque l'on rit, le corps participe, le mental participe, l'être participe. Le rire fait disparaître les différences, les barrières, la personnalité schizophrène.

Mais il représentait un obstacle pour ceux qui voulaient exploiter l'homme – les rois, les prêtres, les politiciens futés, et ils s'évertuèrent à l'affaiblir, à le rendre malade. Rendez l'homme misérable et il ne se révoltera jamais.

Dépouiller l'homme de son rire, c'est lui enlever sa vie même.

Enlever le rire à l'homme, c'est le castrer spirituellement.

Avez-vous déjà remarqué la différence qui existe entre le taureau et le bœuf? Ils étaient pareils à leur naissance, mais le bœuf a été castré. S'il ne l'est pas, on ne peut s'en servir comme esclave pour porter des charges, pour tirer des voitures. On ne peut atteler un taureau à une voiture, car il est si puissant qu'il est impossible de le maîtriser; il a une individualité propre. Le bœuf n'est qu'un très faible écho de son être véritable, il n'en est que l'ombre. On l'a détruit.

L'homme a été détruit de la même manière pour en faire un esclave. Le rire a toujours été considéré comme une manifestation infantile et irrationnelle. On vous permet tout au plus de sourire. La différence entre le sourire et le rire est la même que celle qui existe entre le taureau et le bœuf. Le rire est complet. Le sourire n'est qu'un mouvement des lèvres; il est maniéré. Le rire ignore les convenances, l'étiquette; il est sauvage et c'est cette sauvagerie qui en fait la beauté.

Les puissances intéressées, qu'il s'agisse du pouvoir de l'argent, des religions organisées ou des gouvernements, s'entendent toutes sur un point : Il faut affaiblir l'homme, le rendre misérable, lui faire peur; il faut l'obliger à vivre dans une sorte de paranoïa. Ce n'est qu'alors qu'il s'agenouillera devant les statues de bois ou de pierre. Ce n'est qu'alors qu'il acceptera de servir quiconque détient un pouvoir.

Le rire vous redonne de l'énergie. Chaque fibre de votre être devient vivante, chaque cellule de votre être se met à danser.

Le plus grand péché qui fut commis contre l'homme sur la terre, ce fut de l'empêcher de rire.

Les conséquences d'un tel acte sont énormes, car lorsque l'on vous interdit de rire, on vous interdit bien sûr d'être joyeux, de chanter un hymne de célébration, de danser de joie. En interdisant le rire, on détruit tout ce qui fait la beauté de la vie, tout ce qui fait aimer la vie, qui la rend supportable et agréable, tout ce qui lui donne un sens. C'est la stratégie la plus basse qui puisse être utilisée contre l'homme.

Être sérieux est un péché. Et n'oubliez pas que le sérieux et la sincérité ne sont aucunement synonymes – la sincérité est un phénomène entièrement différent. L'homme sérieux est incapable de danser, de jouer. Il se maîtrise en permanence; il a été éduqué de telle manière qu'il est devenu son propre geôlier. L'homme sincère peut rire sincèrement, danser sincèrement, se réjouir sincèrement.

Être sérieux est tout simplement une maladie de l'âme, et seules les âmes malades peuvent être transformées en esclaves. Les puissances intéressées ont besoin d'une humanité parfaitement docile, matée, presque mendiante, pour créer des esclaves.

En fait, il n'y a que les enfants que l'on voit rire et s'amuser; et les adultes pensent qu'on peut leur pardonner puisque ce sont des enfants innocents – ils ne connaissent pas encore le monde, ils sont encore primitifs. Les parents, la société, les professeurs, les prêtres n'ont qu'une seule interrogation : Comment faire pour les civiliser? Comment faire pour les rendre sérieux? Comment les faire agir en esclaves et non en individus indépendants?

Nous ne sommes pas censés avoir d'opinions personnelles. Nous devons nous contenter d'être chrétien, hindou ou musulman; communiste, fasciste ou socialiste. Nous ne sommes pas censés être nous-même. On nous permet de faire partie de la masse – et faire partie de la masse équivaut simplement à devenir un rouage de la machine. C'est un suicide.

L'homme qui rit de tout son être – à gorge déployée – ne s'attire pas le respect d'autrui. Il doit prendre un air sérieux qui montre qu'il est civilisé et raisonnable. Le rire est réservé aux enfants et aux fous, ou aux primitifs.

Il suffit d'entrer dans une église et de regarder Jésus sur la croix. Il est sérieux, naturellement; et ce sérieux remplit toute l'église. Il semble déplacé de rire en ce lieu. Personne n'a jamais entendu dire que Dieu ait ri.

Les enfants sont capables de rire parce qu'ils n'attendent rien.

Parce qu'ils n'attendent rien, leurs yeux ont la clarté qui leur permet de voir vraiment – et il y a tant de choses absurdes et ridicules dans le monde. Il y a tant de «peaux de bananes» qu'il est impossible à l'enfant de ne pas les voir; nos attentes nous voilent les yeux.

Comme toutes les religions s'opposent à la vie, elles ne peuvent approuver le rire. Le rire est une composante essentielle de la vie et de l'amour. Les religions s'opposent à la vie, à l'amour, au rire, à la joie; elles se dressent contre tout ce qui peut transformer la vie en une merveilleuse expérience de bénédictions et de grâces.

À cause de leur attitude anti-vie, elles ont détruit l'humanité entière. Elles ont vidé l'homme de sa sève et leurs saints sont cités en exemples. Leurs saints ne sont que des ossements blanchis – ils jeûnent, se torturent de maintes et maintes façons, cherchant de nouveaux instruments, de nouvelles techniques de torture. Plus ils se sont torturés, plus ils ont acquis de respectabilité. Ils ont découvert une échelle, un moyen d'accroître leur respectabilité : Vous n'avez qu'à vous torturer pour que l'on vous vénère pendant des siècles. L'auto-torture est une maladie psychologique. Elle n'a rien de vénérable; c'est un suicide à petit feu. Mais nous avons subi ce suicide pendant des siècles, parce que l'idée que notre corps et notre âme sont ennemis s'est enracinée en nous. Plus on torture le corps, plus on est spirituel; plus on permet au corps de rire, d'aimer, d'avoir du plaisir, des jouissances, moins on est spirituel. Cette dichotomie est la cause profonde de la disparition du rire chez l'homme.

J'ai vu des illustrations représentant des églises européennes au Moyen Âge... Le prêcheur avait pour tâche d'instiller aux gens la peur du feu de l'enfer et des tortures qu'ils auraient à y subir. Leurs descriptions étaient si imagées qu'il arrivait fréquemment que des femmes perdent conscience dans les églises. Le prêcheur qui provoquait le plus grand nombre d'évanouissements était reconnu comme le meilleur; c'était un moyen de déterminer quel prêcheur était le meilleur.

Toute la religion est fondée sur un principe psychologique simple : amplifier la peur en évoquant l'enfer et amplifier la cupidité en évoquant le ciel. Ceux qui prennent du bon temps sur la terre iront en enfer. Naturellement, l'homme a peur; pour de petits plaisirs, pour une existence de soixante-dix années seulement, il doit souffrir en enfer pour l'éternité.

C'est l'une des raisons pour laquelle Bertrand Russell a abandonné le christianisme et écrit le livre *Pourquoi je ne suis pas chrétien*. Il dit : «La principale raison à l'origine de ma décision, c'est l'idée tout à fait injustifiée que je puisse être puni pour l'éternité pour mes fautes mineures. Si je fais le compte de toutes les fautes que j'ai commises, d'après les Écritures, en incluant les péchés par pensée – que je n'ai pas commis – le juge le plus sévère ne pourrait m'envoyer en prison plus de quatre ans et demi. Mais pour ces péchés mineurs, je n'accepterai pas de souffrir pour l'éternité. De quelle sorte de justice s'agit-il? La punition semble disproportionnée par rapport au crime.»

Il s'était mis à approfondir la théologie chrétienne. À sa grande surprise, il y découvrit tant de points absurdes et ridicules qu'il décida qu'il se montrerait lâche en demeurant chrétien. Il renonça donc au christianisme et écrivit cet ouvrage extrêmement important, *Pourquoi je ne suis pas chrétien*.

Bien qu'il date presque de soixante ou soixante-dix ans aucun théologien chrétien n'a encore répondu à ce livre. En fait, il n'y a aucune réponse possible – comment pourrait-on la justifier? Les papes et les éminents théologiens chrétiens du monde entier ont tout simplement gardé le silence.

Ils ont condamné Bertrand Russell en disant qu'il irait en enfer. Mais il ne s'agit pas d'un argument. Si le ciel et l'enfer existaient vraiment, l'enfer serait un endroit beaucoup plus sain que le ciel, car au ciel, il y aurait tous les ossements blanchis, les créatures repoussantes qui se sont torturées, que l'on dit saintes. Ce n'est pas un endroit à visiter ni qui mérite de l'être.

En enfer, on trouverait tous les poètes, les peintres, les sculpteurs, les mystiques, tous ces gens dont la compagnie serait une véritable bénédiction. On y rencontrerait Socrate ainsi que Gautama Bouddha – il fut damné par les hindouistes parce qu'il ne croyait pas aux *Védas*, la base de toute la religion hindouiste. On y rencontrerait Mahavira, parce qu'il ne croyait pas au système hindouiste des castes et qu'il l'a condamné. On y verrait Bodhidharma, Chuang-tzu, Laotzu. On y retrouverait tous les grands hommes qui ont apporté leur contribution à l'existence – tous les grands hommes de science et les artistes qui ont embelli cette terre.

Quelle contribution les saints ont-ils apportée? Ce sont les êtres les plus futiles, les plus stériles qui soient. Ils n'ont été qu'un fardeau, que des parasites; ils ont sucé le sang des pauvres êtres humains. Ils se torturaient et enseignaient aux autres à faire la même chose; ils propageaient la maladie mentale.

Si la terre paraît si malade, si l'humanité semble si triste, tout le mérite en revient aux saints. Au ciel, on rencontrerait toutes ces créatures hideuses, ces détracteurs qui ne savent aimer, ne savent rire, ne savent chanter, ne savent danser – qui interdisent à l'humanité tout plaisir, aussi petit soit-il. La douleur paraît spirituelle et le plaisir, matérialiste.

Or, la psychiatrie moderne sait très bien que ces saints étaient schizophrènes et qu'il n'y a aucune raison qu'ils soient vénérés. Si vous en croisez quelques-uns, emmenez-les immédiatement dans une clinique psychiatrique, car ils ont besoin d'être soignés. Ce sont des malades dont l'existence même soulève le cœur. Ils ont été à la tête de l'humanité et toute la race humaine en ressent encore une sorte de nausée; ils ont créé une atmosphère de nausée.

Le jour où l'homme oublie de rire, le jour où l'homme oublie de s'amuser, le jour où l'homme oublie de danser, il n'est plus un homme; il régresse à l'état de sous-homme. La gaieté le rend léger; l'amour le rend léger; le rire lui donne des ailes. Il danse dans la joie, il peut toucher les étoiles les plus lointaines. Il peut connaître les secrets mêmes de l'existence.

Voici les quatre étapes :

Vie, **A**mour, **R**ire – **L**umière.

Et elles viennent exactement dans cet ordre.

Bibliographie

LA VIE

The Hidden Splendor 15, 19 mars 1987, p.m., 1ère question (extraits).

The Goose is Out, p. 234-236.

The Secret, p. 193-197.

Guida Spirituale, p. 138/9.

The Goose is Out, p. 248-254.

The Perfect Master, p. 120-123.

Yoga, The Alpha and the Omega, Vol. 4, p. 252-254.

Beyond Enlightenment, p. 650-662.

The Razor's Edge, 11 mars 1987, p.m. 1ère question (extraits).

Trois textes : a. *You Ain't seen nothing yet*, p. 120.

b. *Snap your Fingers, Slap your Face and Wake up, p. 6-8.*

c. *Tantra, the Supreme Understanding*, p. 200.

L'AMOUR

Let Go! p. 151/2.

The Wisdom of the Sands, p. 211-214.

Zarathustra : A God that can Dance, 30 mars 1987, p.m.

The Divine Melody, p. 220-29.

The Wisdom of the Sands, Vol. 1, p. 224-226.

Sufis : The People of the Path, p. 446-455.

The Hidden Splendor 23, 24 mars 1987, a.m.

Don't Bite my Finger, p.122.

The Rajneesh Bible, Vol. 1, p. 236-259.

The Tantra Vision Vol. 2, p. 36-46 (extraits).

Guida Spirituale, p. 320-27 (extraits).

LE RIRE

Guida Spirituale, p. 63-66.

The Book, An Introduction to the Teachings of Bhagwan Shree Rajneesh, Series II, p. 111-112.

A Sudden Clash of Thunder, p. 221-240 (extraits).

Insertion de : *The Razor's Edge 27*, 10 mars 1987, p.m.

Sermon in Stones, p. 124-126.

The Laughing Prophet, 19 avril 1987, a.m.

Biographie

L'enfance

1931 Osho naît à Kuchwada, Madhya Pradesh, en Inde, le 11 décembre 1931. Fils aîné d'un modeste marchant d'étoffes appartenant au jaïnisme, il passa les sept premières années de sa vie chez ses grands-parents, qui lui laissèrent la liberté de faire exactement ce qu'il voulait et qui appuyèrent entièrement sa recherche précoce et intense de la vérité de l'existence.

1938 Après la mort de son grand-père, il s'en va vivre avec ses parents à Gadawara, une ville de 20 000 habitants. Sa grand-mère déménage dans le même ville et demeure son amie la plus généreuse jusqu'à sa mort, en 1970, se déclarant une disciple de son petit-fils.

1946 À l'âge de quatorze ans, Osho vit pour la première fois l'expérience du satori. Au fil des années, il approfondit la pratique de la méditation. Sa condition physique se détériore en raison de l'intensité de sa recherche spirituelle. Ses parents et amis craignent qu'il ne meure prématurément.

L'université

1952 À l'âge de vingt-et-un ans, le 21 mars 1953, Osho atteint l'illumination, l'apothéose de la conscience humaine. C'est ici, dit-il, que prend fin sa biographie extérieure, car à partir de ce moment il vit en unité avec les lois intérieures de l'existence, totalement libéré de l'ego. Sur le plan extérieur, il poursuit ses études à l'Université de Saugar, où il obtient en 1956 sa licence de philosophie avec mention d'excellence. À maintes reprises, il gagna des débats contradictoires dans son pays d'origine et se mérita la médaille d'or des études de troisième cycle.

1957 Osho enseigne au Sanskrit College de Raipur. L'année suivante, il devient professeur de philosophie à l'Université de Jabalpur. Il abandonne son poste en 1966 pour se consacrer entièrement à l'enseignement de l'art de la méditation aux hommes du monde moderne. Au cours de la décennie soixante, il sillonne l'Inde en tant que «Acharya (maître) Rajneesh», suscitant l'irritation de l'*establishment* partout où il va. Il dénonce l'hypocrisie des puissances intéressées et leurs efforts pour dénier à l'homme son droit le plus essentiel – le droit d'être lui-même. Il s'adresse à des foules regroupant des dizaines de milliers de personnes, touche le cœur de millions d'individus.

L'époque de Bombay

1968 Il choisit de s'installer à Bombay pour y vivre et y enseigner. Il donne des «camps de méditation», le plus souvent dans des stations situées en montagne. Il y présente sa méditation dynamique, une technique révolutionnaire qui contribue à faire taire le mental en lui permettant d'abord d'expérimenter une catharsis. À partir de 1970, il initie les gens au Néo-Sannyas, une voie où l'élève s'engage dans l'exploration de lui-même et la méditation, avec l'appui de son amour et sous sa direction personnelle.

1970 Cette année-là, des chercheurs, en majorité des professionnels, arrivent de l'Occident. La renommée de Osho commence à se répandre à travers l'Europe, l'Amérique, l'Australie et le Japon. Les Camps de méditation mensuels se poursuivent et, en 1974, un nouveau centre est établi à Poona, où on intensifie l'enseignement.

L'époque de Poona

1974 L'ashram ouvre ses portes le jour du vingt-et-unième anniversaire de l'illumination d'Osho. L'influence de Osho a un rayonnement international. À la même époque, sa santé commence à se détériorer sérieusement. Osho se retire de plus en plus fréquemment dans l'intimité de sa chambre, se limitant à deux sorties quotidiennes : le matin, pour la conférence, et en soirée, pour des sessions d'initiation et d'enseignement destinées aux chercheurs.

On met sur pied des groupes de thérapie où l'on combine les connaissances de la méditation de l'Orient avec la psychothérapie de l'Occident. En moins de deux ans, l'ashram est reconnu comme «le meilleur centre de croissance et de thérapie au monde». Les conférences de Osho embrassent toutes les grandes traditions religieuses du monde. En même temps, sa connaissance approfondie de la science et de la pensée occidentales, la clarté de son discours et la profondeur de son argumentation suppriment l'écart séculaire entre les points de vue de l'Orient et de l'Occident dans l'esprit de ses disciples. Ses conférences, enregistrées, puis transcrites et publiées, fournissent la matière de centaines de livres et sont assimilées par des centaines de milliers de lecteurs. À la fin de la décennie soixante-dix, l'ashram de Poona est devenu la Mecque des chercheurs de vérité modernes.

Le Premier Ministre de l'Inde, Morarji Desai, un hindouiste fervent, déjoue toutes les tentatives des disciples d'Osho pour déménager leur ashram dans un coin retiré de l'Inde, où ils souhaitent appliquer les enseignements d'Osho et créer une communauté autosuffisante, vivant dans la méditation, l'amour, la créativité et le rire.

1980 Lors d'une conférence, un hindouiste appartenant à une secte intégriste tente d'assassiner Osho. Alors qu'il est dénoncé par les religions occidentales et orientales, il a plus d'un quart de million de disciples à travers le monde.

Une nouvelle période – Rajneeshpuram, États-Unis

1981 Le 1er mai, Osho cesse de parler et entre dans une période «d'union silencieuse des cœurs» pendant que son corps, affligé d'un sérieux problème au dos, reste en repos. Il est conduit aux États-Unis par ses médecins et ses amis, qui envisagent de lui faire subir une opération chirurgicale dans les plus brefs délais. Ses disciples américains font l'achat d'un ranch de 32 000 hectares dans le désert central de l'Orégon. Ils invitent Osho à y séjourner – et celui-ci se rétablit rapidement. Une communauté agricole modèle se forme autour de lui avec une rapidité surprenante; elle obtient des résultats impressionnants, reconquérant des terres appauvries, maigres et désertiques pour les transformer en une oasis verdoyante assurant la subsistance d'une communauté de 5 000 personnes.

Lors des festivals d'été organisés pour les amis d'Osho venus du monde entier, la nouvelle ville de Rajneeshpuram accueille jusqu'à 20 000 invités.

Pendant que la commune d'Orégon connaît une croissance rapide, des communautés importantes se constituent dans les principaux pays d'Occident et au Japon, et atteignent également l'autosuffisance. Le gouvernement américain refuse sa demande de statut de résident permanent aux États-Unis, à titre de chef religieux; un refus motivé entre autres par son vœu de silence public. En même temps, la nouvelle ville est en butte aux attaques légales du gouvernement de l'Orégon et de la majorité chrétienne de l'État. Les lois sur l'utilisation des terres de l'Orégon, conçues pour la protection de l'environnement, deviennent une arme de taille dans la bataille contre une ville qui a fourni des efforts considérables pour mettre en valeur des terres dénudées ainsi que l'environnement en général – en fait, une ville qui est devenue un modèle écologie pour l'ensemble du monde.

En Octobre 1984, Osho commence à s'adresser à de petits groupes de personnes à sa résidence et donne des conférences tous les matins à des milliers de chercheurs, à Rajneesh Mandir, à compter de juillet 1985.

1985 Le 14 septembre, le secrétaire particulier de Osho ainsi que plusieurs membres de la direction quittent précipitamment la communauté, et on découvre toute une organisation d'activités illégales. Osho invite les autorités américaines pour qu'elles mènent une enquête approfondie sur cette affaire. Les autorités profitent de cette occasion pour intensifier leur lutte contre la communauté.

Le 29 octobre, Osho est arrêté sans mandat dans la ville de Charlotte, NC. Lors de l'audition de la demande de mise en liberté sous caution, on lui passe les menottes. Le voyage de retour vers l'Orégon – un vol d'une durée normale de cinq heures – dure huit jours. Pendant quelques jours, on perd toute trace de Osho. Il révèle plus tard qu'il a été inscrit sous le nom de David Washington au Oklahoma State Penitentiary et gardé dans une cellule d'isolement avec un prisonnier souffrant d'herpès infectieux, une maladie pouvant se révéler fatale pour Osho.

Une heure avant d'être enfin remis en liberté, après avoir connu l'épreuve de la prison et des chaînes pendant douze jours, une bombe est découverte à la prison de Portland, en Oregon, un pénitencier avec système de sécurité renforcée où Osho est détenu. Tous les occupants sont évacués à l'exception de Osho qui est gardé à l'intérieur pendant une heure.

À la mi-novembre, ses avocats le pressent de plaider coupable à deux des trente-quatre «infractions à la loi de l'immigration» dont il est inculpé, afin que sa vie ne soit plus mise en péril entre les mains du système judiciaire américain.

Osho accepte; une formule particulière du système judiciaire américain, le *Alfred plea*, lui permet d'accepter l'affirmation de culpabilité tout en conservant son innocence. Il est condamné à une amende de quatre cent mille dollars ainsi qu'à une interdiction de demeurer aux États-Unis pour une période de cinq ans. Le même jour, il s'envole à bord d'un jet privé en direction de l'Inde et séjourne dans les montagnes de l'Himalaya.

Une semaine plus tard, la communauté de l'Oregon décide de se démanteler.

Lors d'une conférence de presse, le Procureur général des États-Unis, Charles Turner, fait trois affirmations révélatrices en répondant à la question suivante : Pourquoi les charges portées contre le secrétaire de Osho n'ont-elles pas également été portées contre Osho?

Turner affirme que le gouvernement avait pour objectif prioritaire la destruction de la communauté et que les autorités savaient que le départ de Osho hâterait cet événement. Ensuite, elles ne voulaient pas ériger Osho en martyr. Enfin, elles n'avaient pas de preuve de l'implication d'Osho dans aucun des crimes.

La tournée mondiale – un exemple des droits de l'homme

1985 (décembre) Le nouveau secrétaire d'Osho, son compagnon et son médecin reçoivent l'ordre de quitter l'Inde, leurs visas étant annulés. Osho quitte pour Khatmandou, au Népal, où il reprend ses conférences quotidiennes.

1986 (février) Ayant obtenu un visa de trente jours pour visiter la Grèce, Osho séjourne dans la villa d'un producteur de cinéma grec et se met à donner des conférences deux fois par jour. Les disciples accourent pour l'entendre. Le clergé orthodoxe insiste pour que le gouvernement jette Osho hors du pays s'il veut éviter que le sang ne coule.

1986 (5 mars)La police fait irruption dans la villa. Osho est arrêté sans mandat, chassé vers Athènes où seul un montant de vingt-cinq mille dollars dissuadera les autorités de le faire monter à bord d'un bateau voguant vers l'Inde.

1985 (6 mars)Il s'envole vers la Suisse à bord d'un jet privé. Son visa de sept jours est annulé à son arrivée par des policiers armés. Il est déclaré *personna non grata* à cause de «violations de la loi de l'immigration des États-Unis». Poursuivant sa route vers la Suède, il est accueilli de la même façon – entouré de policiers armés. On lui annonce qu'il représente un «danger pour la sécurité nationale» en lui ordonnant de partir sur-le-champ.

Il se dirige vers l'Angleterre. Ses pilotes n'obtiennent pas l'autorisation de prendre huit heures de repos. Osho se voit refuser la permission d'attendre dans la salle de transit de première classe et de passer la nuit dans un hôtel. On l'enferme, avec ses compagnons de voyage, dans une petite pièce exiguë et malpropre, bondée de réfugiés.

1986 (7 mars) Osho et son groupe volent vers l'Irlande, où ils obtiennent des visas de touristes. Ils se rendent à un hôtel de la région de Limerick. Le lendemain matin, des policiers viennent leur ordonner de partir immédiatement. Ce fut impossible, puisque le Canada avait refusé l'autorisation d'atterrir à Gander pour une escale technique lors de leur vol à destination d'Antigua, dans les Caraïbes.

L'autorisation d'atterrir pour une escale technique est refusée en dépit du fait que le Lloyds de Londres certifiait qu'Osho ne sortirait pas de l'avion.

On lui accorde la permission de demeurer en Irlande jusqu'à ce que l'on puisse arriver à d'autres arrangements, en exigeant de ne donner aucune publicité à l'affaire afin de ne pas embarrasser les autorités.

Au cours de la période d'attente, Antigua révoque l'autorisation de séjour accordée précédemment à Osho. Il présente une demande à la Hollande qui refuse également. L'Allemagne a déjà ordonné par un décret préventif de refuser à Osho l'autorisation d'entrer au pays. En Italie, sa demande de visa temporaire n'obtient pas de réponse – et la situation demeure la même quinze mois plus tard.

1986 (19 mars) Au dernier moment, il reçoit une invitation de l'Uruguay et le 19 mars, avec ses fidèles amis et ses compagnons de voyage, Osho s'envole vers Montevideo, via Dakar, au Sénégal. L'Uruguay n'écarte pas la possibilité qu'il puisse s'établir en permanence. Cependant, il découvre en Uruguay la raison pour laquelle l'accès de tous les pays lui est interdit – des télex les avaient précédés dans chaque pays où ils avaient envisagé de se rendre, juste à temps pour que la police soit alertée. Ces messages renfermant «des informations secrètes de nature diplomatique» (émanant de sources gouvernementales de l'Otan) font état de rumeurs en provenance de l'INTERPOL «d'opérations de contrebande, de trafic de stupéfiants et de prostitution» concernant le groupe de Osho. L'Uruguay subit très vite les mêmes pressions.

1986 (14 mai) Le gouvernement prévoit d'annoncer, lors d'une conférence de presse qu'il accorde à Osho, le droit de s'établir en permanence en Uruguay.

Durant la nuit, Sanguinetti, le Président de l'Uruguay, reçoit un appel téléphonique de Washington. Il apprend que les États-Unis demanderont le remboursement du prêt de six milliards de dollars consenti à l'Uruguay et n'accorderont aucun prêt ultérieur si Osho demeure en Uruguay. Osho est forcé de partir le 18 juin.

Le lendemain, Sanguinetti et Reagan annoncent de Washington qu'un nouveau prêt de cent cinquante millions de dollars est accordé à l'Uruguay.

1986 (19 juin) La Jamaïque accorde un visa de dix jours à Osho. Quelques instants après l'atterrissage, un jet de la marine américaine atterrit près du jet privé et deux civils en descendent. Le lendemain, les visas de Osho et de son groupe sont révoqués.

Osho s'envole pour Lisbonne via Madrid et reste ignoré pendant un certain temps. Quelques semaines plus tard, des policiers entourent la villa où il se reposait. Osho décide de rentrer en Inde le lendemain.

Vingt-et-un pays ont soit déporté Osho, soit lui ont refusé l'entrée sur leur territoire.

1986 (29 juillet) Osho arrive à Bombay, en Inde, où il séjourne pendant six mois chez un ami indien. Dans l'intimité de la demeure de cet ami, il reprend ses conférences quotidiennes.

1987 (4 janvier) Osho déménage à l'ashram de Poona où il avait vécu pendant presque toute la décennie soixante-dix.

Dès son arrivée, le chef de police lui ordonne de quitter les lieux, alléguant qu'il est une «personne controversée» pouvant «troubler la tranquillité de la ville». L'ordre fut révoqué le même jour par la Cour supérieure de Bombay. Le fanatique hindou auteur de l'attentat contre Osho en mai 1980 menace de se rendre à l'ashram accompagné de deux cents commandos spécialisés dans les arts martiaux si Osho n'est pas expulsé de Poona.

1987 (1er août) Au moment de la publication de ce livre, malgré les tentatives des gouvernements du «monde libre» d'isoler Osho dans un exil intérieur, des milliers de disciples continuent de se rendre à Poona pour retrouver leur Maître.

1988 Pour la première fois depuis quatorze ans, Osho dirige de nouveau en personne la méditation au début et à la fin de chaque conférence. Il instaure aussi une technique méditative nouvelle, où les deux expressions les plus refoulées de notre temps – le rire et les pleurs – sont poussées jusqu'au paroxysme (7 jours de rire, 7 jours de pleurs), pour faire place nette à 7 jours de silence intérieur.

1989 Osho décide de ne plus être appelé Bhagwan[1]. Ses disciples choisissent de l'appeler dorénavant Osho Rajneesh.
Il continue son travail à l'*ashram* de Poona. Chaque soir, des milliers de personnes venues du monde entier, disciples et amis, se regroupent dans l'auditorium pour l'écouter ou pour communier en silence avec lui.

1990 Le 19 janvier, Osho quitte son corps pleinement conscient.

1. Jusque-là, on l'appelait Baghwan Sri Rajneesh.

Pour obtenir d'autres informations,
veuillez-vous adresser à :

Neo-Sannyas International
Rennweg 34
CH-8001 Zurich
Suisse

AGMV Marquis
MEMBRE DE SCABRINI MEDIA
Québec, Canada
2004